Pausa Digitale

Come liberarti dallo stress digitale e riconquistare la tua vita

Francesco Ippolito

DEDICA

Quando iniziai a scrivere questo libro, non immaginavo quanto sarebbe diventato un viaggio intimo. Mentre sfogliate queste pagine, voglio che sappiate una cosa: non siete soli. Lo stress digitale, quel peso invisibile che spesso ci portiamo dietro senza nemmeno accorgercene, è un fardello che accomuna molti di noi.

Ho scritto queste parole pensando al me stesso di un tempo, alle giornate frenetiche, ai momenti in cui mi trovavo a fissare uno schermo chiedendomi: "È davvero tutto qui?".

Forse avete provato a mettere da parte il telefono, a spegnere le notifiche, a dire "basta" al flusso infinito di informazioni. Forse ci siete riusciti, forse no. Ma ciò che conta è che ci state provando e, questo, è già un atto di coraggio.

Mentre leggete, spero che possiate sentirvi compresi, ascoltati, abbracciati; spero che troviate in queste pagine qualcosa che vi faccia dire: "Sì, è proprio così che mi sento". E spero che possiate trovare anche un po' di sollievo, un barlume di speranza, perché uscire dal tunnel dello stress digitale non è facile, ma è possibile. E non dovete farlo da soli.

Grazie per avermi permesso di entrare nella vostra vita con questo libro. Grazie per aver deciso di dedicare del tempo a voi stessi, in un mondo che spesso sembra voler rubare ogni attimo della vostra attenzione. Siete importanti, la vostra pace mentale è preziosa, non fatevi omologare in un database emotivo.

Con affetto,
Fra

INDICE

Differenza tra uso consapevole e compulsivo

Il declino della capacità di attenzione
La dipendenza da gratificazione immediata
Sovra-stimolazione e affaticamento mentale
Il fenomeno del doomscrolling
Come recuperare la lucidità mentale

Il metodo della riduzione graduale
Creare spazi liberi dalla tecnologia
Stabilire limiti di tempo per le app
Sostituire le abitudini digitali con attività reali
Il potere del detox digitale periodico

L'importanza delle attività all'aperto
Strategie per migliorare la concentrazione
Riscoprire la lettura e la scrittura analogica
Coltivare hobby lontani dagli schermi
Il valore della noia creativa

Pianificare l'uso della tecnologia
Routine mattutina senza dispositivi
Regole per un uso consapevole dei social media
Eliminare le distrazioni digitali dal lavoro
Equilibrare tempo online e offline

Come la tecnologia influenza lo sviluppo cognitivo ed emotivo dei bambini
Il ruolo della neuro-plasticità nell'uso precoce di dispositivi digitali
Effetti dell'esposizione prolungata agli schermi sull'attenzione e sulla creatività
Differenze tra generazioni analogiche e digitali
Riflessioni sociologiche sulle nuove forme di socializzazione

Strategie per insegnare ai bambini un uso equilibrato della tecnologia
Come introdurre regole familiari per limitare il tempo di schermo
L'importanza del gioco libero e non strutturato nella crescita
Educare alla consapevolezza digitale fin dalla tenera età
Creare spazi di apprendimento offline

Sezione 3: proteggere gli adolescenti dallo stress digitale – Pag 73

Il fenomeno del cyberbullismo e come affrontarlo
L'influenza dei social media sull'autostima e l'identità adolescenziale
Come aiutare gli adolescenti a gestire la pressione sociale online
Promuovere attività extracurricolari che stimolano la resilienza
Costruire un dialogo aperto sul benessere digitale

Capitolo 5: società digitale e connessione umana – Pag 81

Sezione 1: la solitudine nell'era connessa – Pag 81

Paradosso della connessione digitale e isolamento sociale
Come la tecnologia ha trasformato il concetto di comunità
Analisi sociologica del declino delle interazioni faccia a faccia
Impatto della comunicazione mediata da schermi sulle relazioni umane
Strategie per ricreare legami autentici in un mondo iperconnesso

Sezione 2: riscoprire il valore della presenza fisica – Pag 86

Il potere del contatto visivo e del linguaggio corporeo
Come organizzare incontri offline significativi
Attività comunitarie che promuovono la coesione sociale
L'importanza di rituali familiari senza tecnologia
Creare momenti di condivisione reale con amici e colleghi

Sezione 3: costruire una cultura di pausa digitale – Pag 92

Come promuovere una cultura collettiva di disconnessione
Iniziative locali e globali per incoraggiare il benessere digitale
Ruolo delle istituzioni e delle scuole nell'educazione alla pausa digitale
Campagne di sensibilizzazione sui rischi dello stress digitale
Modelli di comunità che vivono con meno tecnologia

Capitolo 6: tecnologia e identità personale – Pag 101

Sezione 1: l'influenza della tecnologia sull'autenticità – Pag 102

Come i social media modellano la percezione di sé
Il fenomeno della "curated life" e il suo impatto psicologico

Differenza tra identità digitale e identità reale
Strategie per ritrovare la propria autenticità offline
L'importanza di staccare per riconnettersi con i propri valori

Superare la dipendenza da approvazione online
Tecniche per ridurre il confronto sociale digitale
Come coltivare autostima indipendente dalla tecnologia
Il ruolo della gratificazione intrinseca nel benessere personale
Esercizi pratici per rafforzare la fiducia in sé stessi

Definire priorità chiare al di fuori del mondo digitale
Come pianificare obiettivi di vita che trascendono la tecnologia
L'arte di dire "no" alle distrazioni digitali
Creare un manifesto personale per una vita più intenzionale
Celebrare i piccoli passi verso una vita più autentica

Capitolo 7: innovazione e sostenibilità digitale – Pag 120

L'impronta ecologica della produzione e dello smaltimento di dispositivi
Come ridurre il consumo energetico dei nostri strumenti digitali
L'importanza di scegliere tecnologie sostenibili
Movimenti globali per un uso più responsabile della tecnologia
Come educare le nuove generazioni alla sostenibilità digitale

Riflessioni etiche sull'uso della tecnologia avanzata (AI, IoT, ecc.)
Come garantire che l'innovazione serva l'umanità e non la sopraffaccia
L'importanza di stabilire limiti etici e legali all'uso della tecnologia
Strategie per bilanciare progresso tecnologico e qualità della vita
Progettare un futuro in cui la tecnologia supporta il benessere globale

Come adattarsi ai cambiamenti tecnologici senza perdere il controllo
L'importanza di una visione olistica del progresso
Creare comunità resilienti nell'era digitale
Educazione e formazione per un futuro sostenibile

"Il problema non è la quantità di informazioni, ma la loro gestione. Quando siamo sopraffatti, il nostro cervello entra in modalità di sopravvivenza, non di creatività."
(Daniel J. Levitin)

INTRODUZIONE
Ritrovare l'equilibrio nell'era digitale

Ti sei mai fermato a notare come, quasi inconsciamente, la tua mano cerca lo smartphone anche quando non ha squillato?
Come i tuoi occhi vengano irresistibilmente attratti dallo schermo mentre sei in compagnia di persone care? O come il primo e l'ultimo gesto della tua giornata sia controllare notifiche e messaggi?

Non sei solo. Viviamo immersi in un oceano digitale che, silenziosamente ma inesorabilmente, ha trasformato ogni aspetto della nostra esistenza.

La tecnologia ha rivoluzionato le nostre vite con una rapidità senza precedenti. In poco più di un decennio, siamo passati dall'usare internet occasionalmente a vivere costantemente connessi. Questa trasformazione offre opportunità straordinarie, ma porta con sé anche un costo nascosto che solo ora stiamo iniziando a comprendere appieno: lo **stress digitale**.

Questo libro nasce dalla constatazione che qualcosa di fondamentale sta cambiando nella nostra esperienza umana. Non si tratta di demonizzare la tecnologia (sarebbe un approccio tanto ingenuo quanto controproducente a conti fatti) ma di riconoscere che il nostro rapporto con essa necessita di una profonda riflessione e, in molti casi, di un ribilanciamento consapevole e profondo.

Forse hai notato che la tua capacità di concentrazione

non è più quella di un tempo. Ti ritrovi a passare da un'app all'altra, a controllare compulsivamente le notifiche, sentendoti paradossalmente più disconnesso proprio mentre sei più connesso che mai. La sera, nonostante la stanchezza, il sonno fatica ad arrivare dopo ore trascorse davanti a schermi luminosi. E quella sensazione di ansia sottile, quasi impercettibile, quando ti separi dal tuo smartphone anche solo per pochi minuti?

Non è un caso. I nostri cervelli non sono evoluti per gestire questo continuo bombardamento di stimoli, questa costante richiesta di attenzione, questa pressione a essere sempre disponibili, sempre aggiornati, sempre "ON". La natura umana richiede pause, riflessione, momenti di "noia creativa" e connessioni autentiche che nessuna tecnologia, per quanto avanzata, può realmente sostituire.

Nel corso di queste pagine esploreremo insieme come la rivoluzione digitale stia plasmando non solo le nostre abitudini, ma anche il nostro modo di pensare, di relazionarci, persino di percepire noi stessi. Scopriremo i meccanismi neurobiologici che rendono così difficile resistere alla tentazione di un'ennesima "scrollata" sul telefono, e come il design stesso delle piattaforme digitali sfrutti le vulnerabilità della nostra psicologia.

Ma questo non è un libro di apocalittiche previsioni né di nostalgica resistenza al progresso, è piuttosto un invito alla consapevolezza, una guida pratica per navigare il mondo digitale senza esserne sopraffatti. Perché la tecnologia, in sé, non è né buona né cattiva: è lo strumento più potente che abbiamo creato e, come ogni strumento, il suo valore dipende da come scegliamo di utilizzarlo.

Nel Capitolo 1 analizzeremo a fondo cosa sia realmente lo stress digitale, come si manifesti e perché rappresenti una delle sfide più significative del nostro tempo. Esploreremo i meccanismi della dipendenza tecnologica e come questa influenzi ogni aspetto della nostra vita quotidiana, dal lavoro alle relazioni personali.

Proseguiremo, nel Capitolo 2, con un percorso di consapevolezza, imparando a riconoscere il nostro personale rapporto con la tecnologia. Quali sono i trigger che ci spingono a un uso compulsivo dei dispositivi? Come possiamo identificare i segnali di allarme prima che si trasformino in abitudini dannose?

I capitoli successivi ci guideranno attraverso strategie concrete di digital detox, tecniche per ritrovare il piacere delle attività offline e riflessioni su come educare le nuove generazioni (nate già immerse nell'era digitale) a un uso equilibrato della tecnologia.

Dedicheremo particolare attenzione al paradosso della solitudine nell'era più connessa della storia umana, e a come possiamo ricostruire connessioni autentiche in un mondo di relazioni mediate dagli schermi. Esploreremo l'impatto della tecnologia sulla nostra identità personale e sul nostro senso di autenticità, proponendo percorsi per ritrovare un rapporto più intenzionale con noi stessi e con il mondo.

Infine allargheremo lo sguardo alle questioni etiche e sociali più ampie: come possiamo garantire che l'innovazione tecnologica serva il benessere umano anziché sacrificarlo sull'altare dell'efficienza? Come conciliare progresso e sostenibilità in un mondo dalle risorse limitate?

Questo viaggio non richiede di abbandonare la tecnologia, ma di riprenderne il controllo. Di passare dall'essere consumati al consumare consapevolmente. Di trasformare la tecnologia da padrona a "serva" dei nostri reali bisogni e valori.

Ti invito a intraprendere questo percorso con curiosità e apertura, a sperimentare - con piccoli passi - un rapporto più equilibrato con il digitale. A riscoprire il piacere del silenzio, della concentrazione profonda, della presenza autentica.

Perché alla fine, la vera ricchezza della vita umana non si misura in gigabyte, followers o like, ma nella profondità delle nostre esperienze, nella qualità delle nostre relazioni, nella nostra capacità di essere pienamente presenti nei momenti che contano davvero.

Sei pronto a riprendere in mano la tua attenzione e, con essa, il tuo tempo e la tua vita?

Dalla prossima pagina inizia il tuo viaggio verso un rapporto più consapevole, intenzionale e sereno con la tecnologia che pervade le nostre esistenze.

Buona lettura e buona "Pausa Digitale"!

Capitolo 1
Comprendere lo
Stress Digitale

In un'epoca in cui la tecnologia digitale è diventata una presenza costante nelle nostre vite, il confine tra opportunità e oppressione si fa sempre più sottile. Quello smartphone che tieni in mano è uno strumento di libertà o una catena invisibile? Le notifiche che interrompono i tuoi pensieri sono davvero così urgenti come sembrano? E perché, nonostante tutti i vantaggi della connettività, ci sentiamo paradossalmente più stanchi, distratti e talvolta isolati?

Benvenuto nel complesso mondo dello stress digitale, un fenomeno relativamente nuovo ma in rapida espansione che sta silenziosamente modellando il nostro benessere psicofisico, le nostre relazioni e persino il modo in cui percepiamo la realtà. In questo primo capitolo, esploreremo insieme cosa si nasconde dietro questo disagio moderno, come riconoscerne i segnali e perché rappresenta una delle sfide più significative per la salute mentale del XXI secolo.

Sezione 1
Cos'è lo Stress Digitale?

Definizione e cause principali

Lo stress digitale può essere definito come la tensione psicologica e fisiologica che deriva dall'uso prolungato, e spesso compulsivo, dei dispositivi elettronici e delle tecnologie digitali. Non è semplicemente la stanchezza che proviamo dopo una lunga videoconferenza o la frustrazione per un'app che non funziona correttamente. È una condizione più profonda, un malessere pervasivo che nasce dall'interazione costante con un mondo virtuale che richiede la nostra attenzione 24 ore su 24, 7 giorni su 7.

Le cause principali dello stress digitale sono molteplici e spesso interconnesse. La connettività permanente ha eroso i confini tra vita professionale e personale, creando l'aspettativa che dobbiamo necessariamente essere sempre reperibili e reattivi. I social media, appositamente progettati per massimizzare il nostro coinvolgimento, ci spingono in un ciclo di confronto sociale e validazione esterna. L'eccesso di informazioni disponibili supera di gran lunga la nostra capacità di elaborarle, generando un senso di sopraffazione; e non dimentichiamo l'interfaccia fisica stessa: la luce blu degli schermi, la postura innaturale che assumiamo mentre utilizziamo i dispositivi, persino il gesto ripetitivo di scorrere lo schermo influiscono sul nostro sistema nervoso.

"La tecnologia ci ha connesso in modi prima impensabili" spiega la dottoressa Maria Rossi, neuroscienziata specializzata in comportamenti digitali, "ma non eravamo evolutivamente preparati a questo livello di stimolazione costante. Il nostro cervello è sostanzialmente lo stesso di

40.000 anni fa, quando i nostri antenati vivevano in piccoli gruppi e ricevevano una quantità di informazioni gestibile durante la giornata".

Differenze tra stress digitale e stress tradizionale

Lo stress non è certo un'invenzione dell'era digitale. Da sempre l'essere umano ha dovuto confrontarsi con situazioni di pericolo, incertezza e cambiamento che attivano la risposta di "lotta o fuga" nel nostro organismo. Ma lo stress digitale presenta caratteristiche uniche che lo distinguono dalle forme più tradizionali di tensione psicofisica.

Innanzitutto, lo stress tradizionale è spesso acuto e ha un inizio e una fine ben definiti: un colloquio di lavoro, un esame, una discussione accesa. Una volta superato l'evento stressante, il corpo può tornare a uno stato di equilibrio. Lo stress digitale, invece, tende ad essere cronico e a bassa intensità. Non ci sono momenti drammatici, ma una costante sensazione di pressione che non si dissolve mai completamente.

In secondo luogo, lo stress tradizionale è generalmente tangibile e riconoscibile. Sappiamo quando stiamo affrontando una situazione stressante e possiamo prepararci mentalmente. Lo stress digitale, al contrario, è spesso invisibile e sottovalutato. Scorrere il feed di Instagram può sembrare un'attività rilassante, ma gli studi dimostrano che può attivare meccanismi di ansia sociale e inadeguatezza.

Infine, lo stress tradizionale è tipicamente legato a situazioni specifiche che possiamo, almeno in teoria, evitare o modificare. Lo stress digitale, invece, deriva da tecnologie che sono ormai integrate in ogni aspetto della nostra esistenza, rendendo molto più difficile creare una vera e propria separazione.

Effetti sul cervello e sul corpo

Quando siamo costantemente "connessi", il nostro cervello e il nostro corpo ne pagano un prezzo significativo. A livello neurologico, l'esposizione prolungata agli schermi e l'abitudine al multitasking digitale possono alterare la struttura e il funzionamento del cervello, in particolare nelle aree associate all'attenzione, alla memoria e al controllo degli impulsi.

Studi recenti hanno evidenziato che l'abitudine di passare rapidamente da un'app all'altra o di controllare compulsivamente le notifiche può ridurre la materia grigia nella corteccia prefrontale, la regione responsabile del pensiero complesso e della regolazione emotiva. Inoltre la stimolazione costante dei circuiti della dopamina (il neurotrasmettitore del piacere e della ricompensa) può portare a una desensibilizzazione, richiedendo stimoli sempre più intensi per provare soddisfazione.

Sul piano fisico, lo stress digitale si manifesta attraverso una serie di sintomi piuttosto evidenti: la tensione muscolare, soprattutto a livello di collo e spalle, è una conseguenza diretta delle ore trascorse in posizioni innaturali davanti agli schermi. L'affaticamento degli occhi, o "computer vision syndrome", è caratterizzato da secchezza oculare, visione sfocata e mal di testa. I disturbi del sonno rappresentano forse l'effetto più diffuso e preoccupante: la luce blu emessa dai dispositivi elettronici inibisce la produzione di melatonina, l'ormone che regola il ciclo sonno-veglia.

"*Non stiamo parlando solo di disagio temporaneo*" avverte il dottor Paolo Bianchi, medico specializzato in medicina psicosomatica. "*L'esposizione cronica allo stress digitale può contribuire allo sviluppo di problemi cardiovascolari, indebolire il sistema immunitario e accelerare i processi di invecchiamento cellulare.*"

Segnali di allarme e sintomi più comuni

Riconoscere i segnali di allarme dello stress digitale è il primo passo per affrontarlo efficacemente. Molti di noi hanno normalizzato uno stato di tensione costante, confondendolo con il ritmo naturale della vita moderna. Ma il nostro corpo e la nostra mente ci inviano continuamente messaggi che sarebbe saggio ascoltare.

Sul piano fisico, i sintomi più comuni includono:

- Mal di testa frequenti e tensione al collo
- Disturbi del sonno (difficoltà ad addormentarsi, risvegli notturni, sonno non ristoratore)
- Stanchezza cronica, anche dopo una notte di riposo apparentemente adeguato
- Problemi digestivi e cambiamenti nell'appetito
- Palpitazioni o sensazione di oppressione al petto durante l'uso intensivo di dispositivi

Sul piano psicologico ed emotivo, possiamo osservare:

- Ansia quando siamo lontani dal telefono o dal computer (nomofobia)
- Irritabilità e impazienza nelle interazioni faccia a faccia
- Difficoltà di concentrazione su compiti che richiedono attenzione prolungata
- Sensazione di essere sempre "in ritardo" o di non riuscire a stare al passo
- Preoccupazione costante per ciò che accade online quando non siamo connessi

A livello comportamentale, lo stress digitale si manifesta attraverso:

- Il controllo compulsivo del telefono, anche in situazioni inappropriate
- La sensazione di aver perso la nozione del tempo durante la navigazione online
- L'incapacità di completare un compito senza controllare i social media o le email
- La tendenza a preferire le interazioni online rispetto a quelle di persona
- L'utilizzo dei dispositivi come primo strumento per gestire emozioni negative

"Molte persone mi dicono che si rendono conto di avere un problema quando si ritrovano a controllare il telefono mentre sono sedute di fronte a un caro amico o a un familiare" racconta la psicologa Giulia Verdi. *"È quel*

momento di consapevolezza in cui capisci che la tua attenzione è stata sequestrata da qualcosa che, il più delle volte, non è nemmeno urgente o importante".

Perché è un problema in crescita

Lo stress digitale rappresenta una preoccupazione sempre più rilevante per diverse ragioni che vanno ben oltre il semplice aumento dell'uso della tecnologia. Siamo infatti di fronte a un fenomeno che si autoalimenta e si intensifica con il passare del tempo.

In primo luogo, l'evoluzione tecnologica procede a un ritmo esponenziale, mentre la nostra capacità di adattamento biologico e psicologico segue una curva molto più lenta. I nostri cervelli, plasmati da millenni di evoluzione in ambienti naturali e sociali diretti, si trovano ora a dover elaborare una quantità di informazioni e stimoli senza precedenti nella storia umana.

In secondo luogo, la digitalizzazione sta penetrando in aree della vita quotidiana che fino a poco tempo fa ne erano esenti. Dalla scuola alla sanità, dal lavoro all'intrattenimento, è sempre più difficile trovare spazi privi di tecnologia. Questa pervasività riduce le opportunità di "disintossicazione digitale" naturale che potevano esistere in passato.

Un terzo fattore cruciale è il modello economico che sostiene la maggior parte delle piattaforme digitali, basato sulla "economia dell'attenzione". Come utenti, non siamo tanto i clienti quanto il prodotto: la nostra attenzione viene catturata e rivenduta agli inserzionisti. Questo crea un incentivo potente per le aziende tecnologiche a sviluppare prodotti sempre più coinvolgenti e che possono, potenzialmente, creare dipendenza.

Infine, non possiamo ignorare l'impatto della pandemia di COVID-19, che ha accelerato drasticamente la nostra dipendenza dalla tecnologia. Milioni di persone hanno dovuto trasferire online non solo il proprio lavoro, ma anche l'istruzione, le relazioni sociali e persino l'assistenza sanitaria. Questo salto forzato nel digitale ha lasciato poco tempo per sviluppare strategie di gestione sane ed equilibrate.

"*Stiamo conducendo un esperimento globale senza precedenti*" osserva il sociologo Marco Neri. "*Mai prima d'ora l'umanità aveva vissuto in un ambiente così saturato di stimoli digitali, e stiamo solo iniziando a comprenderne le conseguenze a lungo termine sul benessere individuale e collettivo*".

Sezione 2
La dipendenza dalla tecnologia

Il ruolo della dopamina nel comportamento digitale

Al centro della nostra relazione complessa con la tecnologia si trova un neurotrasmettitore potente e talvolta subdolo: la dopamina. Spesso definita impropriamente come "l'ormone del piacere", la dopamina in realtà svolge un ruolo molto più sofisticato: è il mediatore chimico della motivazione, dell'anticipazione e dell'apprendimento. In altre parole, non ci fa tanto provare piacere quanto desiderarlo e cercarlo attivamente.

Quando riceviamo una notifica, il nostro cervello rilascia una piccola quantità di dopamina in anticipazione di una potenziale ricompensa sociale: un like, un messaggio, una notizia interessante. Questo meccanismo neurobiologico è lo stesso che ha guidato i nostri antenati nella ricerca di cibo, riparo e compagni, attività essenziali per la sopravvivenza. La differenza fondamentale è che, mentre nella natura le ricompense sono intervallate da periodi di sforzo e attesa, l'ambiente digitale ci offre gratificazioni immediate e praticamente infinite.

Le piattaforme digitali non si limitano a sfruttare questo sistema di ricompensa naturale: lo ottimizzano scientificamente. Gli sviluppatori di app e social media collaborano con neuroscienziati e psicologi per creare quello che Nir Eyal, autore del libro "Hooked", chiama "prodotti abituanti". Elementi come lo scorrimento infinito, la variabilità delle ricompense (non sai mai cosa troverai nel prossimo post) e i feedback visivi sono progettati specificamente per stimolare il rilascio di dopamina e mantenerci in uno stato di coinvolgimento costante.

"*Il problema non è la dopamina in sé*" spiega il neurobiologo Alessandro Rossi. "*È un neurotrasmettitore essenziale per la motivazione e l'apprendimento. Il problema è che questi strumenti digitali bypassano i meccanismi di regolazione naturali, creando cicli di gratificazione artificiali che possono portare a una vera e propria dipendenza comportamentale.*"

L'influenza delle notifiche sul cervello

Ogni giorno il nostro cervello è bombardato da notifiche: bip, vibrazioni, banner e icone colorate che richiedono la nostra attenzione immediata. Quella che potrebbe sembrare una semplice interruzione momentanea ha in realtà un impatto profondo sul funzionamento cognitivo.

Le notifiche attivano la via della reazione orientativa, un meccanismo evolutivo che ci predispone a rispondere rapidamente a potenziali minacce o opportunità nell'ambiente. In pratica, ogni notifica innesca una micro-dose di stress, con relativo rilascio di adrenalina e cortisolo. Anche se decidiamo di ignorare una notifica, il danno è già fatto: l'interruzione ha frammentato la nostra attenzione e richiederà in media 23 minuti per tornare completamente al livello di concentrazione precedente.

L'esposizione continua alle notifiche ci porta gradualmente a uno stato di "ipervigilanza", in cui il nostro cervello è costantemente in allerta, pronto a rispondere a qualsiasi stimolo. Questa condizione, che in natura sarebbe riservata a situazioni di pericolo immediato, diventa il nostro stato mentale abituale, erodendo la capacità di concentrazione profonda e amplificando la sensazione di affaticamento mentale.

Ancora più insidioso è il fenomeno dell'anticipazione: molti di noi sviluppano l'abitudine di controllare compulsivamente il telefono anche in assenza di notifiche, un comportamento che gli psicologi chiamano "notifiche fantasma". La semplice possibilità che ci sia qualcosa di nuovo da scoprire diventa sufficiente a distrarci dalle attività in corso.

"Le notifiche sono progettate per interrompere qualsiasi cosa tu stia facendo" osserva la design ethicist Tristan Harris, ex dipendente di Google. *"È come se qualcuno ti stesse toccando costantemente la spalla mentre cerchi di leggere un libro."*

Il fenomeno della FOMO (paura di perdersi qualcosa)

FOMO, acronimo di "Fear Of Missing Out", descrive quell'ansia sociale che ci assale quando pensiamo che altri stiano vivendo esperienze gratificanti dalle quali siamo esclusi. È un sentimento antico quanto l'umanità stessa - l'appartenenza sociale è sempre stata fondamentale per la nostra sopravvivenza - ma i social media lo hanno amplificato in modo esponenziale.

Scorrendo i nostri feed, siamo costantemente esposti a immagini curate della vita altrui: vacanze esotiche, cene eleganti, successi professionali, relazioni apparentemente perfette. Questa visione filtrata e idealizzata della realtà alimenta un senso di inadeguatezza e il timore che, mentre noi conduciamo vite ordinarie, tutti gli altri stiano partecipando a eventi straordinari.

La FOMO ci spinge a controllare compulsivamente i nostri dispositivi, a rispondere immediatamente ai messaggi, a partecipare a conversazioni online che non ci interessano davvero, tutto per paura di rimanere tagliati fuori dal flusso di informazioni e interazioni sociali. Questo comportamento non solo aumenta lo stress digitale, ma paradossalmente può diminuire la qualità delle nostre esperienze reali, poiché parte della nostra attenzione è sempre rivolta altrove.

"La FOMO è particolarmente insidiosa perché colpisce più duramente le persone già vulnerabili" spiega la psicologa sociale Laura Bianchi. *"Gli adolescenti e i giovani adulti, ancora in fase di formazione della propria identità, sono particolarmente suscettibili a questa forma di ansia sociale. Ma nessuno è completamente immune, nemmeno gli adulti con una solida autostima."*

Sovraccarico informativo e multitasking

Viviamo nell'era dell'abbondanza informativa. Secondo alcune stime, ogni giorno vengono generati circa 2,5 quintilioni di byte di dati, e questa cifra continua a crescere esponenzialmente. Il nostro cervello, tuttavia, non è stato progettato per gestire questo diluvio di informazioni. Evolutivamente, siamo predisposti a prestare attenzione a stimoli rilevanti per la sopravvivenza in un ambiente naturale relativamente semplice.

Il sovraccarico informativo si verifica quando la quantità di input che riceviamo supera la nostra capacità di elaborazione cognitiva. Le conseguenze includono una diminuzione della qualità delle decisioni, un aumento dell'ansia e, paradossalmente, una minore comprensione effettiva delle informazioni che cerchiamo di assimilare. Come ha scritto lo psicologo David Lewis, "l'informazione non è più un bene prezioso - l'attenzione lo è".

Per far fronte a questo eccesso di dati, molti di noi ricorrono al multitasking digitale: controllare le e-mail mentre partecipiamo a una videoconferenza, ascoltare un podcast mentre rispondiamo ai messaggi, navigare tra decine di schede del browser aperte contemporaneamente. Contrariamente alla credenza popolare, tuttavia, il cervello umano non è in grado di eseguire veramente più compiti cognitivi in parallelo.

Quello che chiamiamo "multitasking" è in realtà un "task-switching", un rapido passaggio da un'attività all'altra che comporta un significativo costo cognitivo. Ogni volta che spostiamo l'attenzione, il cervello deve disinvestire risorse da un compito, riconfigurare i parametri mentali e reinvestire nell'altro compito. Questo processo non solo diminuisce l'efficienza complessiva fino al 40%, ma aumenta anche il tasso di errori e l'affaticamento mentale.

"Il multitasking è come cercare di guidare contemporaneamente due auto" spiega il neuroscienziato Paolo Rossi. *"Non stai realmente facendo due cose insieme - stai semplicemente dividendo la tua attenzione in modo inefficace e pericoloso."*

L'illusione della produttività costante

Nell'era digitale, la produttività è diventata quasi una religione. Applicazioni per gestire il tempo, elenchi di cose da fare, email a tarda notte e notifiche di lavoro che ci raggiungono anche durante il weekend hanno creato una cultura in cui essere occupati è sinonimo di successo e valore personale. Questa ideologia della "produttività costante" rappresenta uno dei principali catalizzatori dello stress digitale contemporaneo.

La tecnologia ci ha venduto la promessa di poter fare di più in meno tempo, ma la realtà è spesso l'opposto. Strumenti che dovrebbero aumentare la nostra efficienza finiscono per creare nuove richieste e aspettative. Le email hanno reso la comunicazione istantanea, ma ora ci si aspetta che rispondiamo immediatamente. Il cloud ci permette di lavorare ovunque, ma questo significa che il lavoro può seguirci letteralmente ovunque.

Il problema è aggravato dal fenomeno che gli psicologi chiamano "illusione di produttività": la sensazione di essere produttivi (rispondere a email, partecipare a riunioni virtuali, controllare le notifiche) senza effettivamente produrre risultati significativi. Passiamo ore impegnati in attività che sembrano lavoro ma che spesso sono solo una forma di procrastinazione digitale.

Questa cultura della produttività costante ignora un fatto fondamentale della psicologia umana: il nostro cervello funziona in cicli di energia e riposo. La ricerca neuroscientifica dimostra che periodi di intensa concentrazione devono essere alternati a momenti di vero recupero per mantenere livelli ottimali di performance cognitiva. Il problema è che molti di noi utilizzano i "momenti di pausa" per controllare i social media o rispondere a email non urgenti, privando il cervello della vera distensione di cui ha bisogno.

"La vera produttività non è fare più cose" afferma la psicologa del lavoro Martina Verdi, *"ma fare le cose giuste, nel modo giusto, al momento giusto. Questo richiede periodi di profonda concentrazione seguiti da vero riposo - non da un altro tipo di stimolazione digitale."*

Sezione 3
Impatti dello Stress Digitale
sulla vita quotidiana

Problemi di concentrazione e produttività

Uno degli effetti più evidenti e immediati dello stress digitale riguarda la nostra capacità di concentrazione. In un mondo di interruzioni costanti e gratificazioni istantanee, la capacità di mantenere l'attenzione focalizzata su un singolo compito sta diventando sempre più rara e preziosa.

Studi neuroscientifici hanno rilevato che l'uso intensivo di tecnologie digitali può alterare le reti neurali associate all'attenzione sostenuta. Il cervello, incredibilmente plastico, si adatta all'ambiente in cui opera: se passiamo la maggior parte del tempo saltando da uno stimolo all'altro, diventiamo progressivamente meno capaci di impegnarci in forme di pensiero profondo e concentrato.

Questo fenomeno è particolarmente evidente nel contesto lavorativo e accademico. Ricercatori della Stanford University hanno scoperto che le persone che praticano abitualmente il multitasking digitale mostrano una minore capacità di filtrare le distrazioni irrilevanti, una memoria di lavoro meno efficiente e maggiori difficoltà nel passare da un compito all'altro rispetto a chi utilizza la tecnologia in modo più selettivo.

Le conseguenze pratiche sono significative: progetti che richiedono più tempo del necessario, errori che potrebbero essere evitati, idee creative che non emergono perché la mente non ha lo spazio per svilupparle. Come ha scritto Cal Newport nel suo libro "Deep Work": "*La capacità di concentrarsi intensamente è una competenza sempre più rara e, di conseguenza, sempre più preziosa in un'economia sempre più complessa.*"

Il paradosso è che spesso ricorriamo alla tecnologia per essere più produttivi, ma finiamo per sabotare proprio quella produttività che cerchiamo di migliorare. Un esempio emblematico è l'uso delle email: uno studio della University of California ha rilevato che i dipendenti impiegano in media 64 secondi per recuperare la concentrazione piena dopo aver controllato la posta elettronica, e che controllano la posta circa 77 volte al giorno. Il risultato? Più di 1,5 ore di produttività potenziale perse ogni giorno solo a causa di questa singola abitudine.

Effetti negativi sul sonno e sulla qualità del riposo

Il sonno rappresenta forse l'area più drammaticamente colpita dallo stress digitale. Secondo l'Organizzazione Mondiale della Sanità, stiamo assistendo a un'epidemia globale di privazione del sonno, e l'uso di dispositivi digitali è considerato uno dei principali fattori contribuenti.

L'impatto della tecnologia sul sonno opera attraverso molteplici meccanismi. Il più noto riguarda la luce blu emessa dagli schermi, che sopprime la produzione di melatonina, l'ormone che regola il ciclo sonno-veglia. Utilizzare smartphone, tablet o computer nelle ore serali ritarda l'insorgenza del sonno e ne riduce la profondità e la qualità.

Ma il problema non è solo fisiologico. I contenuti che consumiamo online - dalle notizie alle interazioni sui social media, dalle email di lavoro ai video - stimolano cognitivamente ed emotivamente il cervello, mantenendolo in uno stato di attivazione incompatibile con il rilassamento necessario per addormentarsi. L'abitudine di controllare il telefono prima di coricarsi o addirittura durante risvegli notturni crea un circolo vizioso di sonno disturbato e maggiore fatica durante il giorno successivo.

Le conseguenze della privazione cronica di sonno sono severe e ampiamente documentate: compromissione delle funzioni cognitive, maggiore vulnerabilità alle malattie, alterazioni dell'umore, aumento del rischio di incidenti e, sul lungo periodo, correlazioni con condizioni gravi come l'obesità, il diabete e le malattie cardiovascolari.

"Il sonno non è un lusso o un'indulgenza" avverte il neurologo Giorgio Bianchi, specialista in medicina del sonno. *"È una necessità biologica fondamentale, al pari dell'alimentazione e dell'idratazione. Eppure, nella nostra società iperconnessa, è spesso la prima cosa che sacrifichiamo sull'altare della produttività o dell'intrattenimento digitale."*

Impatti sulla salute mentale (ansia e depressione)

La relazione tra tecnologia digitale e salute mentale è complessa e bidirezionale. Da un lato gli strumenti digitali possono offrire supporto, connessione e risorse preziose per chi soffre di disturbi psicologici. Dall'altro, un uso eccessivo o disfunzionale della tecnologia può contribuire all'insorgenza o all'aggravamento di problemi come ansia, depressione e altri disturbi mentali.

Numerosi studi hanno evidenziato correlazioni significative tra l'uso intensivo dei social media e l'aumento dei sintomi depressivi, specialmente tra i giovani. Piattaforme che incoraggiano il confronto sociale costante possono alimentare sentimenti di inadeguatezza e bassa autostima. La cultura del "like" e della validazione esterna può rendere alcune persone vulnerabili a fluttuazioni dell'umore basate sul feedback

27

ricevuto online.

L'ansia rappresenta un altro aspetto critico. Il flusso costante di notizie negative (il cosiddetto "doom scrolling"), la pressione a rimanere sempre aggiornati e la paura di perdersi informazioni importanti, possono mantenere il sistema nervoso in uno stato di allerta continua. Inoltre la dipendenza dalla connessione digitale può generare forme specifiche di ansia, come la "nomofobia" (la paura di rimanere senza telefono cellulare) o la "FoMO" che abbiamo discusso in precedenza.

Un aspetto particolarmente preoccupante riguarda l'impatto sui più giovani, le cui identità e competenze sociali sono ancora in formazione. Uno studio longitudinale pubblicato su JAMA Psychiatry ha rilevato che gli adolescenti che trascorrono più di tre ore al giorno sui social media hanno un rischio significativamente maggiore di sviluppare problemi di salute mentale rispetto ai coetanei che li utilizzano più moderatamente.

"Non vogliamo demonizzare la tecnologia" precisa la psichiatra Anna Verdi. *"Internet e i social media possono essere strumenti potenti per creare comunità, diffondere informazioni utili sulla salute mentale e raggiungere persone che altrimenti sarebbero isolate. Il problema non è la tecnologia in sé, ma il modo in cui la utilizziamo e la misura in cui permettiamo che plasmi i nostri pensieri, emozioni e comportamenti."*

Come le relazioni personali ne risentono

Paradossalmente, in un'epoca di connettività senza precedenti, molte persone riferiscono di sentirsi più sole e isolate che mai. Lo stress digitale può erodere la qualità delle nostre relazioni personali in modi sottili ma profondi.

Quando interagiamo attraverso uno schermo, perdiamo elementi fondamentali della comunicazione umana: il contatto visivo, il linguaggio del corpo, le sfumature vocali che trasmettono emozioni e intenzioni. Questo impoverimento comunicativo può portare a malintesi, conflitti e una diminuzione dell'empatia. Studi dimostrano che la semplice presenza di un telefono durante una conversazione faccia a faccia - anche se non viene utilizzato - riduce il senso di connessione e la profondità dello scambio.

La "presenza assente" è diventata un fenomeno comune nelle interazioni sociali contemporanee: siamo fisicamente presenti ma mentalmente altrove, divisi tra la realtà che ci circonda e il mondo digitale che reclama la nostra attenzione. Questa divisione dell'attenzione non solo diminuisce la qualità del tempo trascorso insieme, ma trasmette anche un messaggio implicito alla persona che abbiamo di fronte: "C'è qualcosa di più importante o interessante di te."

Per i bambini e gli adolescenti, le conseguenze possono essere particolarmente significative. I genitori assorbiti dai propri dispositivi possono essere meno responsivi ai segnali emotivi dei figli, compromettendo lo sviluppo di un attaccamento sicuro. Allo stesso tempo, i giovani che sostituiscono le interazioni dirette con quelle digitali, possono avere meno opportunità di sviluppare competenze sociali fondamentali come la lettura delle espressioni facciali, la gestione dei conflitti e l'ascolto attivo.

*"Le relazioni umane hanno bisogno di presenza pien*a" sottolinea la terapeuta familiare Claudia Neri. *"Non si tratta solo di quantità di tempo, ma di qualità dell'attenzione. Un'ora di interazione non mediata da schermi, in cui siamo veramente presenti l'uno per l'altro, vale più di dieci ore di compresenza fisica in cui ognuno è assorbito dal proprio mondo digitale."*

Il rischio di burnout digitale

Il burnout digitale rappresenta la manifestazione più grave e debilitante dello stress tecnologico cronico. Si tratta di uno stato di esaurimento fisico, emotivo e mentale causato dall'esposizione prolungata e intensa agli stimoli digitali, caratterizzato da sintomi come affaticamento estremo, cinismo, distacco emotivo e sensazione di inefficacia.

Tradizionalmente, il burnout era considerato un fenomeno prevalentemente legato all'ambito lavorativo. Oggi, tuttavia, la pervasività della tecnologia ha esteso questo rischio a tutti gli aspetti della vita quotidiana. La pressione a rimanere connessi, rispondere rapidamente, mantenere una presenza online e gestire il sovraccarico informativo, può esaurire le nostre risorse psicologiche ben oltre l'orario di lavoro.

Il burnout digitale si sviluppa tipicamente attraverso fasi progressive. All'inizio si manifesta un entusiasmo eccessivo per la tecnologia e una tendenza ad aumentarne progressivamente l'uso, segue una fase di stagnazione, in cui cominciano a emergere i primi segnali di affaticamento e frustrazione. Se questi segnali vengono ignorati, si entra nella fase di frustrazione, caratterizzata da irritabilità, difficoltà di concentrazione e calo della motivazione. Infine, si arriva all'apatia: uno stato di distacco emotivo, cinismo e senso di fallimento.

Particolarmente a rischio sono i "knowledge workers", i cui lavori dipendono quasi interamente da interazioni digitali: programmatori, content creator, social media manager, ma anche insegnanti e professionisti costretti a lunghe sessioni di videoconferenze. La pandemia di COVID-19 ha notevolmente accelerato questo fenomeno, costringendo milioni di persone a una digitalizzazione forzata e improvvisa delle proprie attività quotidiane.

"*Il burnout digitale è insidioso perché tende a manifestarsi gradualmente*" spiega lo psicologo del lavoro Roberto Mari. "*Raramente c'è un momento di crollo drammatico. Più spesso, si tratta di un lento scivolamento verso l'esaurimento, talmente graduale che molte persone non se ne rendono conto fino a quando non si trovano in uno stato avanzato di sofferenza psicofisica.*"

I segnali di allarme da non sottovalutare includono:

- Avversione crescente verso attività digitali che

prima erano piacevoli o neutre

- Sensazione di essere sempre "in ritardo" con email, messaggi e aggiornamenti
- Cinismo e distacco emotivo nelle interazioni online
- Difficoltà a stabilire confini tra vita personale e professionale
- Problemi di memoria e concentrazione anche durante attività semplici
- Sintomi fisici come mal di testa persistenti, problemi digestivi e disturbi del sonno

Le conseguenze del burnout digitale possono essere serie e durature: calo della produttività, deterioramento delle relazioni personali e professionali, maggiore vulnerabilità a disturbi d'ansia e depressione e, in alcuni casi, necessità di congedi per malattia o cambiamenti radicali nella carriera.

La buona notizia è che il burnout digitale, una volta riconosciuto, può essere affrontato e superato. Nei prossimi capitoli, esploreremo strategie concrete per prevenirlo e recuperare, ricordando che la tecnologia dovrebbe essere uno strumento al nostro servizio, non una fonte di sofferenza cronica.

Abbiamo esplorato le molteplici sfaccettature dello stress digitale: dalle sue cause neurobiologiche agli effetti tangibili sulla nostra salute fisica e mentale, dalle sottili alterazioni delle nostre relazioni sociali al rischio concreto di burnout. La comprensione di questi meccanismi non vuole essere un atto d'accusa contro la tecnologia, ma piuttosto il primo passo verso una relazione più consapevole e sana con gli strumenti digitali che permeano le nostre vite.

La tecnologia, di per sé, non è né buona né cattiva: è il modo in cui la utilizziamo a determinarne l'impatto sul nostro benessere. Gli stessi dispositivi che possono generare dipendenza e stress possono anche connetterci con persone care, ampliare i nostri orizzonti intellettuali e facilitare il nostro lavoro. La sfida non è rifiutare il mondo digitale, ma imparare a navigarlo con consapevolezza e intenzionalità.

Come ha scritto la psicologa Sherry Turkle: "*La tecnologia è seducente quando ciò che offre soddisfa le nostre vulnerabilità umane. E sembra che siamo molto vulnerabili. Siamo soli ma abbiamo paura dell'intimità. Le connessioni digitali e il robot sociale possono offrire l'illusione della compagnia senza le richieste dell'amicizia.*"

Nei prossimi capitoli esploreremo strategie concrete per trasformare questa consapevolezza in azioni pratiche: come stabilire confini digitali sani, come riconquistare la nostra capacità di attenzione profonda, come utilizzare la tecnologia in modo che arricchisca la nostra vita invece di drenarla. Impareremo a riconoscere e rispettare i ritmi naturali del nostro corpo e della nostra mente, incorporando pratiche di "igiene digitale" nella nostra routine quotidiana.

Come già detto, nostro obiettivo non è demonizzare la tecnologia né proporre un irrealistico ritorno a un'era pre-digitale. È piuttosto quello di promuovere un utilizzo più umano e sostenibile degli strumenti digitali, ricordando che sono stati creati per servirci, non per dominarci. Come suggerisce il filosofo tecnologico Jaron Lanier: "*La tecnologia è una bellissima espressione dell'ingegnosità umana. Non dobbiamo rigettarla, ma piuttosto reinventare il modo in cui la progettiamo e la utilizziamo.*"

Il primo passo in questo viaggio è proprio quello che stai compiendo ora: sviluppare la consapevolezza di come la tecnologia influisca sul tuo benessere e riconoscere che hai il potere di modellare attivamente questa relazione. Le pagine che seguiranno ti offriranno gli strumenti per riconquistare quel potere e trasformare il tuo rapporto con il mondo digitale.

Capitolo 2
Prendere consapevolezza

Il primo passo verso qualsiasi cambiamento significativo è la consapevolezza. Come un esploratore che si addentra in un territorio inesplorato, dobbiamo preventivamente mappare il terreno della nostra relazione con la tecnologia prima di poterlo trasformare. In questo capitolo ci immergeremo in un viaggio di scoperta personale, analizzando come interagiamo con i nostri dispositivi digitali e l'impatto che hanno sulla nostra mente e sul nostro benessere.

La tecnologia, per sua natura, è stata progettata per catturare la nostra attenzione. Non è un caso se ci ritroviamo a controllare lo smartphone decine di volte al giorno, spesso senza un reale motivo. Dietro questi gesti apparentemente innocui si nasconde un intricato sistema di meccanismi psicologici e design persuasivo che alimenta comportamenti compulsivi.

Prendere consapevolezza significa togliere il velo dell'inconsapevolezza che avvolge la nostra relazione con la tecnologia. Significa osservare con occhi nuovi i dispositivi che utilizziamo quotidianamente e comprendere come essi plasmino i nostri pensieri, le nostre emozioni e i nostri comportamenti.

Sezione 1
Analizzare il proprio rapporto con la tecnologia

La prima fase del nostro percorso di consapevolezza digitale consiste nell'esaminare onestamente il nostro rapporto con la tecnologia. Come in ogni relazione significativa della nostra vita, è importante capire quanto tempo le dedichiamo, quali emozioni ci suscita e quale spazio occupa nella nostra quotidianità.

Monitorare il tempo trascorso online

"Non si può gestire ciò che non si misura" recita un famoso adagio del management. Questo principio si applica perfettamente anche alla nostra relazione con la tecnologia. La maggior parte di noi sottostima drasticamente il tempo che trascorre online. Ciò che percepiamo come "solo qualche minuto" su Instagram può facilmente trasformarsi in un'ora di scrolling ininterrotto.

Iniziare a monitorare attivamente il tempo che trascorriamo sui nostri dispositivi può rivelarsi un'esperienza illuminante, a volte persino scioccante. Molte persone, quando iniziano a tenere traccia del loro uso digitale, scoprono di passare dalle 3 alle 5 ore al giorno sui social media o fino a 7-8 ore complessive davanti a uno schermo durante il tempo libero.

Questa consapevolezza temporale è il primo passo verso un uso più equilibrato della tecnologia. Non si tratta di demonizzare il tempo trascorso online, ma di renderlo una scelta consapevole anziché un'abitudine automatica.

Strumenti per il digital tracking

Fortunatamente oggi disponiamo di numerosi strumenti che ci aiutano a monitorare il nostro utilizzo della tecnologia. I principali sistemi operativi, sia per smartphone che per computer, offrono funzionalità integrate per il tracciamento del tempo-schermo.

Su iOS, la funzione "Tempo di utilizzo" fornisce report settimanali dettagliati, mostrando quanto tempo abbiamo dedicato a ciascuna app e categoria. Android offre strumenti simili con "Benessere digitale". Per chi desidera un'analisi più approfondita, esistono applicazioni di terze parti cime RescueTime, Freedom o Forest che non solo tracciano l'uso, ma offrono anche funzionalità per limitarlo attivamente.

Non dobbiamo vedere questi strumenti come "poliziotti digitali", ma piuttosto come alleati nel nostro percorso verso un uso più consapevole della tecnologia. Utilizzarli regolarmente ci permette di acquisire dati oggettivi che possono smascherare le false percezioni che abbiamo sul nostro comportamento online.

Identificare le proprie abitudini inconsce

Una volta iniziato a monitorare il nostro tempo online, possiamo osservare schemi e abitudini di cui prima non eravamo consapevoli. Forse scopriremo di controllare automaticamente lo smartphone appena ci svegliamo, o di rifugiarci sui social media ogni volta che proviamo noia o disagio.

Queste abitudini inconsce operano sotto il radar della nostra consapevolezza. Sono comportamenti che eseguiamo in modalità "pilota automatico", senza una decisione consapevole. Il neurologo David Eagleman paragona queste abitudini a sentieri ben battuti in una foresta: più li percorriamo, più diventano profondi e facili da seguire.

Per identificare queste abitudini, possiamo porci domande come:

- In quali momenti della giornata uso più intensamente i dispositivi digitali?
- Quali emozioni provo prima di prendere in mano lo smartphone?
- Quanto tempo passa tra quando mi sveglio e il primo controllo del telefono?
- Riesco a mangiare un pasto senza controllare lo schermo?
- Mi ritrovo a usare il telefono anche quando sono in compagnia?

Le risposte a queste domande possono rivelare schemi sorprendenti del nostro comportamento digitale.

Comprendere il proprio livello di dipendenza

La dipendenza tecnologica esiste su uno spettro. Non è una questione di "tutto o niente", ma piuttosto di gradazioni diverse di attaccamento e compulsione. Comprendere dove ci collochiamo su questo spettro è essenziale per intraprendere un percorso appropriato verso l'equilibrio digitale.

Alcuni segnali di dipendenza tecnologica includono:

- Ansia o irritabilità quando non possiamo accedere ai nostri dispositivi
- Difficoltà a limitare il tempo trascorso online nonostante i tentativi
- Trascurare responsabilità, relazioni o bisogni fisici per l'uso della tecnologia
- Sensazione di vuoto quando non siamo connessi
- Pensieri ricorrenti sulle attività online quando siamo offline
- Necessità di aumentare progressivamente il tempo online per ottenere soddisfazione

Riconoscere questi segnali in noi stessi non deve essere motivo di vergogna o critica. Al contrario, questa consapevolezza rappresenta un atto di coraggio e il primo passo verso una relazione più sana con la tecnologia.

Creare un diario digitale

Uno strumento potente per aumentare la nostra consapevolezza è il diario digitale. Non si tratta semplicemente di registrare quanto tempo trascorriamo online, ma di esplorare gli aspetti qualitativi della nostra esperienza digitale.

Nel diario digitale possiamo annotare:

- Come ci sentiamo prima, durante e dopo l'uso di determinati dispositivi o app
- Quali bisogni cerchiamo di soddisfare quando ci rivolgiamo alla tecnologia
- Quali attività online ci danno energia e quali ce la tolgono
- Quali trigger ambientali o emotivi ci spingono verso un uso eccessivo
- Cosa sacrifichiamo in termini di tempo e attenzione per la nostra vita online

Tenere questo diario per alcune settimane può rivelare pattern sorprendenti e offrire intuizioni preziose sulla nostra relazione con la tecnologia. Come scrive lo psicologo Carl Jung: *"Fino a quando non rendi conscio l'inconscio, esso dirigerà la tua vita e tu lo chiamerai destino."* Il diario digitale è proprio uno strumento per portare alla luce ciò che prima era nascosto.

Sezione 2
Riconoscere i propri trigger digitali

Una volta acquisita una comprensione di base del nostro rapporto con la tecnologia, possiamo approfondire l'analisi e identificare i trigger specifici che innescano i nostri comportamenti digitali compulsivi. Come un detective che indaga su un caso, dobbiamo scoprire cosa attiva il nostro impulso di controllare continuamente lo smartphone o di perderci nel vortice dei social media.

Cosa ci spinge a controllare costantemente il telefono

Il gesto di controllare lo smartphone è diventato così automatico che raramente ci fermiamo a chiederci cosa lo provochi. Eppure, dietro questo comportamento apparentemente banale, si nascondono meccanismi psicologici complessi.

La psicologa Sherry Turkle dell'MIT ha identificato diversi fattori che ci spingono a questo controllo compulsivo. Uno di questi è la "FOMO" (Fear Of Missing Out), ovvero la paura di perdersi qualcosa di importante. Viviamo in un'epoca in cui le notizie, le tendenze e le conversazioni si evolvono rapidamente, e il timore di rimanere indietro può generare ansia e spingere al controllo costante.

Un altro fattore è quello che gli psicologi chiamano "rinforzo intermittente". Quando controlliamo il telefono, a volte troviamo qualcosa di gratificante (un messaggio, un like, una notizia interessante) e altre volte no. Questa imprevedibilità della ricompensa crea un potente meccanismo di dipendenza, simile a quello che opera nelle slot machine. Non sappiamo quando arriverà la prossima "ricompensa", quindi continuiamo a controllare.

Anche la noia e il disagio emotivo possono fungere da trigger. In una società che valorizza la produttività continua e demonizza la noia, il telefono diventa una via di fuga immediata da questi stati percepiti come negativi.

L'influenza delle notifiche e del design persuasivo

I nostri dispositivi e le applicazioni che utilizziamo non sono neutrali. Sono stati progettati deliberatamente per catturare e mantenere la nostra attenzione, utilizzando principi di psicologia comportamentale e design persuasivo.

Le notifiche rappresentano uno degli strumenti più potenti di questo arsenale. Ogni suono, vibrazione o luce lampeggiante, attiva nel nostro cervello una risposta di allerta, stimolando il rilascio di dopamina, il neurotrasmettitore associato alla ricompensa e al piacere.

Questo ci condiziona a rispondere immediatamente, interrompendo qualsiasi cosa stessimo facendo.

Anche elementi di design apparentemente innocui come il "pull-to-refresh" (tirare verso il basso per aggiornare) o lo scrolling infinito sono stati progettati per massimizzare il nostro tempo di utilizzo. Il designer Tristan Harris, ex eticista di Google e fondatore del Center for Humane Technology, paragona queste tecniche a quelle utilizzate nei casinò: "*È come avere uno slot machine in tasca.*"

I "like", i cuori e le altre forme di approvazione sociale creano un potente ciclo di feedback che ci spinge a tornare ripetutamente per ricevere quella gratificazione. Come ha affermato Sean Parker, ex presidente di Facebook: "*La domanda che ci guidava era: come facciamo a consumare più tempo e attenzione cosciente possibile?*"

Comprendere questi meccanismi di design persuasivo ci permette di vederli per quello che sono: strumenti deliberatamente creati per manipolare il nostro comportamento. Questa consapevolezza è il primo passo per riprendere il controllo.

Ansia da risposta immediata e senso di urgenza

La cultura digitale ha creato un'aspettativa di disponibilità e risposta immediata che era impensabile solo pochi decenni fa. Messaggi, email e notifiche sembrano richiedere attenzione istantanea, creando un costante senso di urgenza che può generare stress e ansia.

Questa "ansia da risposta immediata" è particolarmente evidente nelle app di messaggistica che mostrano quando qualcuno sta digitando o quando un messaggio è stato letto. Questi indicatori, apparentemente innocui, aumentano la pressione sociale per rispondere rapidamente, trasformando le conversazioni digitali in scambi frettolosi anziché in comunicazioni ponderate.

Il paradosso è che la maggior parte di queste "urgenze"

digitali sono in realtà illusorie. Raramente un messaggio o un'email richiedono davvero una risposta immediata. Eppure, la nostra mente è stata condizionata a percepirle come emergenze che necessitano di attenzione istantanea.

Riconoscere questa falsa urgenza è essenziale per ridurre l'ansia digitale. Possiamo iniziare a chiederci: "*Quali sono le conseguenze reali se rispondo a questo messaggio tra un'ora anziché subito?*" Nella maggior parte dei casi, scopriremo che le conseguenze sono minime o inesistenti.

Automatismi dannosi e come spezzarli

Gli automatismi digitali si formano attraverso la ripetizione. Ogni volta che rispondiamo a una notifica o controlliamo il telefono senza un motivo specifico, rafforziamo un circuito neurale che rende quel comportamento più probabile in futuro.

Per spezzare questi automatismi, dobbiamo inserire un momento di pausa e consapevolezza tra lo stimolo e la risposta. Questo è ciò che lo psicologo Viktor Frankl intendeva quando scrisse: "*Tra stimolo e risposta c'è uno spazio. In quello spazio c'è il nostro potere di scegliere la nostra risposta. Nella nostra risposta risiedono la nostra crescita e la nostra libertà.*"

Tecniche pratiche per creare questo spazio includono:

- Ritardare intenzionalmente la risposta alle notifiche, iniziando con pochi minuti e aumentando gradualmente
- Disattivare le notifiche non essenziali o concentrarle in momenti specifici della giornata
- Creare ostacoli fisici all'uso impulsivo (come tenere il telefono in un'altra stanza)
- Utilizzare promemoria visivi che ci inducano a chiederci: "Ho davvero bisogno di controllare il telefono adesso?"
- Praticare esercizi di mindfulness per aumentare la consapevolezza dei nostri impulsi digitali

Con la pratica, questi nuovi comportamenti più consapevoli possono sostituire gli automatismi dannosi, creando una relazione più equilibrata con la tecnologia.

Differenza tra uso consapevole e compulsivo

Non tutto l'uso della tecnologia è problematico. La distinzione fondamentale sta tra l'uso consapevole e quello compulsivo.

L'uso consapevole è caratterizzato da:

- Intenzionalità: usiamo la tecnologia per uno scopo specifico
- Presenza: siamo pienamente presenti nell'esperienza, non in modalità "pilota automatico"
- Controllo: decidiamo noi quando iniziare e terminare l'uso
- Benessere: l'esperienza arricchisce la nostra vita anziché prosciugarla
- Equilibrio: l'uso tecnologico si integra armoniosamente con altre attività

L'uso compulsivo, invece, presenta caratteristiche opposte:

- Reattività: usiamo la tecnologia in risposta a trigger esterni o disagi interni
- Distrazione: la nostra mente è frammentata e raramente pienamente presente
- Perdita di controllo: difficoltà a limitare il tempo di utilizzo
- Malessere: spesso ci sentiamo peggio dopo l'uso (vuoti, insoddisfatti, in colpa)
- Squilibrio: l'uso tecnologico invade e compromette altre aree della vita

Imparare a riconoscere la differenza tra questi due tipi di utilizzo nelle nostre esperienze quotidiane è fondamentale per sviluppare una relazione più sana con la tecnologia. Non si tratta di demonizzare tutti gli usi digitali, ma di favorire quelli consapevoli rispetto a quelli compulsivi.

Sezione 3
Gli effetti della tecnologia sulla mente

Una volta compreso come utilizziamo la tecnologia e quali trigger innescano i nostri comportamenti digitali, possiamo esaminare gli effetti più profondi che questi hanno sulla nostra mente. La tecnologia non è semplicemente uno strumento esterno, ma un'influenza che plasma attivamente il nostro cervello, il nostro pensiero e le nostre capacità cognitive.

Il declino della capacità di attenzione

Uno degli effetti più documentati dell'uso intensivo della tecnologia è il deterioramento della nostra capacità di attenzione sostenuta. Diversi studi hanno rilevato che l'attenzione media è diminuita significativamente nell'era digitale, con alcune ricerche che suggeriscono una riduzione da 12 secondi nel 2000 a 8 secondi nel 2015.

Il neuroscienziato Adam Gazzaley descrive come la nostra mente non sia evolutivamente preparata per l'ambiente informativo moderno: *"Il nostro cervello è stato progettato per un mondo molto diverso da quello in cui viviamo oggi. Un mondo con meno informazioni, meno stimoli e ritmi più lenti."*

L'abitudine al multitasking digitale (come controllare le email mentre si partecipa a una riunione o navigare sui social durante una conversazione) è particolarmente dannosa. Contrariamente alla credenza popolare, il cervello umano non è capace di un vero multitasking cognitivo. Quello che chiamiamo "multitasking" è in realtà un rapido passaggio dell'attenzione da un compito all'altro, un processo che consuma energia mentale e riduce l'efficienza in entrambi i compiti.

Questo costante "task-switching" ha un costo cognitivo significativo, noto come "residuo attentivo": anche dopo aver smesso di controllare le email o i social, parte della nostra mente continua a elaborare quelle informazioni, riducendo la nostra capacità di concentrarci pienamente sul compito successivo.

La dipendenza da gratificazione immediata

L'ambiente digitale è caratterizzato da cicli di feedback rapidi e gratificazioni immediate. Bastano pochi secondi per ricevere una risposta, trovare un'informazione o ottenere un "like". Questa immediatezza condiziona il nostro cervello ad aspettarsi ricompense istantanee anche in altri contesti della vita.

La psicologa Sherry Turkle descrive questo fenomeno come una "cultura dell'impazienza": "*Stiamo sviluppando un'intolleranza per qualsiasi cosa richieda tempo e pazienza, dalle relazioni profonde alle sfide intellettuali complesse.*"

Questa dipendenza da gratificazione immediata può minare la nostra capacità di perseverare in attività che richiedono impegno prolungato e soddisfazioni differite, come la lettura di libri complessi, l'apprendimento di nuove competenze o la risoluzione di problemi complessi. L'ironia è che molte delle esperienze più significative e gratificanti della vita richiedono proprio questo tipo di impegno sostenuto.

La conseguenza è che possiamo trovarci intrappolati in cicli di gratificazione superficiale che offrono piaceri momentanei ma ci privano di soddisfazioni più profonde e durature.

Sovrastimolazione e affaticamento mentale

L'esposizione costante a stimoli digitali può portare a uno stato di sovraccarico cognitivo e affaticamento mentale. Il nostro cervello non è progettato per processare la quantità di informazioni a cui siamo sottoposti quotidianamente nell'era digitale.

Il termine "fatica decisionale" descrive l'esaurimento che deriva dal dover prendere continuamente decisioni, anche minime. Ogni notifica, email o post sui social richiede una decisione: ignorare o rispondere? Leggere ora o dopo? Mettere "mi piace" o commentare? Queste micro-decisioni, sommate nell'arco della giornata, possono esaurire la nostra riserva di energia mentale.

Questo affaticamento cognitivo può manifestarsi in vari modi:

- Difficoltà a prendere decisioni, anche semplici
- Maggiore irritabilità e reattività emotiva
- Sensazione di "nebbia mentale" e difficoltà di concentrazione
- Ridotta capacità di pensiero creativo e innovativo
- Deterioramento della qualità del sonno

La neuroscienziata Sara Mednick paragona la mente sovrastimolata a un muscolo affaticato: "*Come un atleta che ha spinto il suo corpo oltre i limiti, una mente costantemente stimolata perde elasticità e reattività. Ha bisogno di periodi di recupero per tornare a funzionare in modo ottimale.*"

Il fenomeno del doomscrolling

Un comportamento digitale particolarmente problematico emerso negli ultimi anni è il "doomscrolling": la tendenza a continuare a scorrere feed di notizie o social media nonostante i contenuti provochino ansia, rabbia o altri stati emotivi negativi.

Questo comportamento, apparentemente contraddittorio, ha radici evolutive. Il nostro cervello è programmato per prestare particolare attenzione alle informazioni negative o minacciose, un meccanismo che in passato aumentava le nostre possibilità di sopravvivenza (era più importante notare il predatore nascosto che il bel panorama).

I social media e i siti di notizie sfruttano questa predisposizione, privilegiando contenuti che suscitano indignazione, paura o controversia perché generano più engagement. L'algoritmo di questi siti ci presenta quindi una visione distorta della realtà, dove le minacce e i problemi sembrano molto più frequenti e immediati di quanto non siano realmente.

Il doomscrolling crea un ciclo vizioso: più consumiamo contenuti negativi, più il nostro cervello si sintonizza sulle minacce, portandoci a cercare ulteriori conferme della nostra visione pessimistica del mondo. Questo può contribuire significativamente ad ansia, depressione e una visione distorta della realtà.

Come recuperare la lucidità mentale

Fortunatamente, il cervello umano è notevolmente plastico e resiliente. Anche dopo periodi prolungati di uso intensivo della tecnologia, possiamo recuperare molte delle nostre capacità cognitive e ritrovare una maggiore lucidità mentale.

Il neuroscienziato David Strayer dell'Università dello Utah ha condotto studi che dimostrano come appena tre giorni di "digital detox" in natura possano migliorare significativamente le performance cognitive e la capacità di risoluzione dei problemi. Questo suggerisce che gli effetti negativi della sovrastimolazione digitale possono essere almeno parzialmente reversibili in tempi relativamente brevi.

Pratiche che possono aiutare a recuperare la lucidità mentale includono:

- Periodi regolari di disconnessione digitale, da poche ore a interi weekend
- Esercizi di attenzione focalizzata, come la lettura profonda di libri cartacei
- Pratiche di mindfulness e meditazione che rafforzano i "muscoli dell'attenzione"
- Attività nella natura, che hanno dimostrato di ridurre lo stress e migliorare le funzioni cognitive
- Adozione di una "dieta informativa" più selettiva e nutriente
- Ripristino di spazi e momenti di noia creativa, liberi da stimoli digitali

Come scrive la giornalista scientifica Catherine Price: "*La lucidità mentale non è semplicemente l'assenza di distrazione, ma una qualità positiva della mente caratterizzata da calma, chiarezza e apertura. È uno stato che possiamo coltivare attivamente, non solo qualcosa che abbiamo perso."*

Prendere consapevolezza del nostro rapporto con la tecnologia è un processo continuo, non un traguardo da raggiungere una volta per tutte. Come in ogni viaggio significativo, ci saranno momenti di chiarezza e periodi di confusione, passi avanti e temporanei arretramenti.

L'obiettivo non è demonizzare la tecnologia o rinunciare completamente ai suoi benefici, ma creare una relazione più consapevole e intenzionale con essa. Una relazione in cui siamo noi a guidare la tecnologia, e non viceversa.

Nel prossimo capitolo, esploreremo strategie pratiche per passare dalla consapevolezza all'azione, trasformando le intuizioni acquisite in cambiamenti concreti nelle nostre abitudini digitali quotidiane.

Capitolo 3
Strategie per una
Digital Detox

Hai preso consapevolezza del tuo rapporto con la tecnologia e hai identificato i trigger che ti portano a un uso eccessivo dei dispositivi digitali. Ora è il momento di passare all'azione. In questo capitolo esploreremo strategie concrete per intraprendere un percorso di digital detox che non sia una semplice privazione temporanea, ma un cambiamento profondo e duraturo delle tue abitudini digitali.

La parola "detox" potrebbe evocare l'immagine di una drastica eliminazione, di un taglio netto con il mondo tecnologico, ma non è questo l'approccio che proponiamo. Una digital detox efficace non significa necessariamente rinunciare completamente alla tecnologia, quanto piuttosto stabilire un rapporto più equilibrato e consapevole con essa.

Come ha detto il filosofo Marshall McLuhan, *"plasmiamo i nostri strumenti e poi sono i nostri strumenti a plasmare noi"*. È tempo di riprendere il controllo e tornare a essere noi a plasmare i nostri strumenti, anziché il contrario. Questo capitolo ti fornirà le strategie per farlo.

Sezione 1
Ridurre il tempo trascorso sugli schermi

Ridurre il tempo che trascorriamo davanti agli schermi è il primo, fondamentale passo di qualsiasi percorso di digital detox. Ma come si affronta questa sfida in un mondo dove la tecnologia è onnipresente e spesso necessaria per lavoro, studio e relazioni sociali?

La chiave è un approccio graduale e strategico. Non si tratta di eliminare completamente la tecnologia dalla tua vita, ma di ritrovare un equilibrio salutare. Vediamo come.

Il metodo della riduzione graduale

Il nostro cervello resiste naturalmente ai cambiamenti drastici. Ecco perché i tentativi di eliminare completamente e improvvisamente l'uso della tecnologia spesso falliscono, proprio come le diete troppo severe. L'approccio più efficace è quello della riduzione graduale.

Inizia riducendo il tempo-schermo del 10-15% a settimana. Se attualmente trascorri 4 ore al giorno sui tuoi dispositivi al di fuori del lavoro, prova a ridurle a 3 ore e 30 minuti nella prima settimana, poi a 3 ore nella seconda, e così via fino a raggiungere il tuo obiettivo.

Questa riduzione graduale dà al tuo cervello il tempo di adattarsi e di creare nuove connessioni neurali, rendendo il cambiamento più sostenibile nel lungo periodo. Come spiega la neuroscienziata Wendy Wood nel suo libro "Good Habits, Bad Habits", *"Il cambiamento delle abitudini non avviene attraverso la forza di volontà, ma attraverso la ripetizione e la gradualità"*.

Utilizza un'app di tracciamento del tempo-schermo per monitorare i tuoi progressi. Vedere nero su bianco la riduzione del tempo trascorso sui dispositivi può essere molto motivante e rafforzare il tuo impegno verso il cambiamento.

Creare spazi liberi dalla tecnologia

Uno degli approcci più efficaci per ridurre l'uso della tecnologia è creare deliberatamente spazi fisici nella tua casa, o nel tuo luogo di lavoro, dove i dispositivi digitali non sono ammessi.

La camera da letto è il primo spazio che dovresti liberare dalla tecnologia. Gli studi dimostrano che l'uso di dispositivi digitali prima di dormire compromette significativamente la qualità del sonno, riducendo la produzione di melatonina e alterando il ritmo circadiano. Stabilisci una regola ferrea: niente smartphone, tablet o laptop in camera da letto. Acquista una sveglia tradizionale per sostituire la funzione sveglia del telefono.

La sala da pranzo è un altro spazio che beneficia enormemente dall'assenza di tecnologia. I pasti condivisi rappresentano un'opportunità preziosa per la connessione umana, spesso sacrificata sull'altare delle distrazioni digitali. Una semplice cesta all'ingresso della sala da pranzo dove tutti depositano i propri dispositivi prima di sedersi a tavola può trasformare radicalmente l'esperienza dei pasti in famiglia.

Considera anche la possibilità di creare un "angolo analogico" nella tua casa: uno spazio dedicato ad attività non digitali come la lettura, il disegno, la meditazione o semplicemente la contemplazione. Arredalo con libri, quaderni, materiali artistici e una comoda poltrona. Questo spazio diventerà un rifugio dal bombardamento digitale quotidiano.

Stabilire limiti di tempo per le app

Non tutte le app hanno lo stesso impatto sul nostro benessere digitale. Alcune, come quelle per la meditazione o la lettura, possono essere benefiche, mentre altre, specialmente i social media e i giochi, tendono a catturare la nostra attenzione in modo eccessivo.

Usa le funzionalità integrate nel tuo smartphone per stabilire limiti di tempo per le app più problematiche. Sia iOS (con "Tempo di utilizzo") che Android (con "Benessere digitale") offrono la possibilità di impostare limiti giornalieri per specifiche app o categorie di app. Una volta raggiunto il limite, l'app si bloccherà automaticamente.

Inizia con limiti generosi che sai di poter rispettare, poi riducili gradualmente. Ad esempio, se passi due ore al giorno su Instagram, inizia con un limite di un'ora e 45 minuti, poi riducilo a un'ora e 30 minuti la settimana successiva, e così via.

Un approccio particolarmente efficace è quello di concentrare l'uso dei social media in momenti specifici della giornata, anziché spalmarli in piccole dosi dall'alba al tramonto. Potresti dedicare 30 minuti al mattino e 30 minuti alla sera ai social, rimanendo disconnesso nel resto della giornata. Questo ti permetterà di essere più presente durante le altre attività e di ridurre l'effetto frammentazione dell'attenzione causato dal continuo passaggio tra diverse app e contenuti.

Sostituire le abitudini digitali con attività reali

La natura non favorisce il vuoto, e questo vale anche per le nostre abitudini. Non basta eliminare un'abitudine digitale: dobbiamo sostituirla con qualcosa di ugualmente soddisfacente ma più salutare.

Per ogni abitudine digitale che vuoi ridurre, identifica il bisogno psicologico che soddisfa. I social media spesso rispondono al bisogno di connessione sociale, i giochi al bisogno di sfida e gratificazione, lo scrolling infinito al bisogno di distrazione dalla noia o dall'ansia.

Una volta identificato il bisogno sottostante, cerca un'attività nel mondo reale che possa soddisfarlo in modo più completo e salutare. Se i social media soddisfano il tuo bisogno di connessione, programma incontri regolari con amici o unisciti a un club o a un gruppo basato sui tuoi interessi. Se i giochi soddisfano il tuo bisogno di sfida, prova sport, scacchi o giochi da tavolo. Se lo scrolling ti distrae dalla noia, tieni a portata di mano un libro avvincente o dedica tempo a un hobby creativo.

La scrittrice Annie Dillard ha detto: "*Come usiamo le nostre giornate è, naturalmente, come usiamo le nostre vite*". Riempire le tue giornate con attività significative e coinvolgenti renderà molto più facile resistere al richiamo degli schermi.

Il potere del detox digitale periodico

Così come il digiuno intermittente può resettare il metabolismo, periodi regolari di completa astinenza digitale possono resettare il tuo rapporto con la tecnologia.

Inizia con un digital detox di 24 ore durante il weekend. Spegni tutti i dispositivi non essenziali (o mettili in una scatola e chiedi a qualcuno di nasconderla) e concediti un giorno intero di libertà digitale. Potresti sentirti ansioso o inquieto all'inizio, ma queste sensazioni tendono a diminuire con il passare delle ore, lasciando spazio a una sensazione di calma e presenza che molti descrivono come liberatoria.

Con il tempo potresti estendere questi periodi di detox a un intero weekend o anche a una settimana. Molti retreat e destinazioni vacanziere offrono ora programmi specifici di digital detox, dove non solo non avrai accesso alla tecnologia, ma sarai guidato in attività che facilitano la riconnessione con te stesso e con la natura.

L'antropologo digitale Rahaf Harfoush suggerisce di pianificare questi periodi di detox come si pianificherebbe una vacanza: contrassegnali sul calendario, informa colleghi e familiari e prepara attività alternative per riempire il tempo. "*Il detox digitale non è una punizione*", dice Harfoush, "*ma un regalo che ti fai, un'opportunità di riscoprire parti di te stesso che la costante connessione potrebbe aver oscurato".*

Sezione 2
Riscoprire il mondo offline

Ridurre il tempo trascorso sugli schermi crea spazio nella tua vita. Ma questo spazio va riempito con esperienze significative nel mondo offline, altrimenti il vuoto ci riporterà inevitabilmente alle vecchie abitudini digitali. In questa sezione esploreremo come riscoprire il ricco e multidimensionale mondo al di là degli schermi.

L'importanza delle attività all'aperto

La natura è forse l'antidoto più potente alla sovra-stimolazione digitale. Numerosi studi dimostrano che trascorrere tempo all'aria aperta riduce lo stress, abbassa la pressione sanguigna, migliora l'umore e aumenta la creatività e la capacità di attenzione.

In Giappone, la pratica del "shinrin-yoku" o "bagno nella foresta" è prescritta dai medici come rimedio per lo stress e l'affaticamento mentale. Consiste semplicemente nel trascorrere tempo in un ambiente boschivo, assorbendo consapevolmente l'atmosfera attraverso tutti i sensi.

Inizia con una semplice camminata quotidiana di 20-30 minuti in un parco o in un'area verde. Lascia a casa lo smartphone o, se proprio devi portarlo con te, mettilo in modalità aereo. Presta attenzione consapevole all'ambiente circostante: osserva i colori e le forme della natura, ascolta i suoni degli uccelli e degli alberi mossi dal vento, senti il terreno sotto i piedi e l'aria sulla pelle.

Se vivi in un ambiente urbano con poco accesso a spazi verdi, cerca comunque di trascorrere tempo all'aperto. Anche una passeggiata in un quartiere tranquillo o una pausa su una panchina in una piazza può offrire un prezioso contrasto con l'esperienza di scorrimento veloce e multitasking tipica del mondo digitale.

Con il tempo, potresti esplorare attività all'aperto più impegnative come l'escursionismo, il ciclismo, il giardinaggio o semplicemente il picnic. L'importante è che queste attività diventino una parte regolare della tua routine, non un'eccezione occasionale.

Strategie per migliorare la concentrazione

Una delle conseguenze più insidiose dell'uso eccessivo della tecnologia è il deterioramento della nostra capacità di attenzione sostenuta. Fortunatamente, questa capacità può essere ricostruita con pratica regolare.

La lettura profonda – non il semplice scorrimento di titoli e riassunti, ma l'immersione completa in un testo lungo e complesso – è un potente esercizio per la concentrazione. Inizia con sessioni di lettura di 15-20 minuti, eliminando tutte le distrazioni: spegni il telefono, trova un luogo tranquillo e immergiti completamente nel testo. Gradualmente, aumenta la durata delle sessioni fino a raggiungere un'ora o più.

Un'altra tecnica efficace è la "Pomodoro Technique", che alterna periodi di intensa concentrazione su un singolo compito (tipicamente 25 minuti) a brevi pause (5 minuti). Questo approccio allena il cervello a mantenere l'attenzione per periodi definiti, sapendo che una pausa è all'orizzonte.

La meditazione di consapevolezza è particolarmente efficace per rafforzare i "muscoli dell'attenzione". Anche solo 10 minuti al giorno di pratica meditativa, in cui ti concentri semplicemente sul respiro e noti senza giudizio quando la mente vaga, possono portare a miglioramenti significativi nella capacità di concentrazione dopo alcune settimane.

Ricorda che, come qualsiasi muscolo, l'attenzione si rafforza gradualmente con l'esercizio regolare. Non scoraggiarti se all'inizio ti sembra difficile concentrarti per più di pochi minuti: è normale dopo anni di abitudini digitali frammentarie. Con la pratica costante la tua capacità di attenzione profonda migliorerà notevolmente.

Riscoprire la lettura e la scrittura analogica

Prima dell'era digitale, la lettura e la scrittura erano esperienze profondamente diverse. Un libro cartaceo non compete per la tua attenzione, non ti bombarda di notifiche, non ti offre link su cui cliccare. Allo stesso modo scrivere a mano su un quaderno ti permette di concentrarti esclusivamente sul flusso dei tuoi pensieri, senza le tentazioni e le distrazioni di un dispositivo connesso.

Riscoprire queste pratiche analogiche può essere sorprendentemente rigenerante per la mente. Studi neuroscientifici dimostrano che la lettura su carta stimola aree cerebrali diverse rispetto alla lettura su schermo, favorendo una comprensione più profonda e una migliore ritenzione delle informazioni.

Crea un "rifugio di lettura" nella tua casa: un angolo comodo con buona illuminazione, una poltrona confortevole e una piccola libreria con i libri che desideri leggere. Rendi questo spazio invitante e libero da dispositivi elettronici.

Per quanto riguarda la scrittura, considera di iniziare un diario cartaceo dove annotare pensieri, riflessioni, idee o semplicemente gli eventi della giornata. La pratica della scrittura a mano ha dimostrato di migliorare la memoria, ridurre lo stress e stimolare la creatività in modi che la digitazione non riesce a replicare.

La scrittrice Natalie Goldberg suggerisce la pratica della "scrittura libera": sedersi con carta e penna e scrivere continuamente per un periodo di tempo prestabilito (ad esempio 10-15 minuti), senza preoccuparsi di grammatica, punteggiatura o logica, semplicemente lasciando fluire i pensieri. Questa pratica può essere sorprendentemente liberatoria e rivelare intuizioni che la mente cosciente potrebbe censurare.

Coltivare hobby lontani dagli schermi

Gli hobby analogici offrono un'alternativa profondamente soddisfacente al tempo trascorso davanti agli schermi. A differenza del consumo passivo di contenuti digitali, gli hobby tradizionali coinvolgono spesso più sensi, richiedono concentrazione, e producono risultati tangibili che possono generare un senso di realizzazione più profondo.

Le possibilità sono infinite: giardinaggio, cucina, pittura, ceramica, falegnameria, musica, maglia, fotografia analogica, costruzione di modellini... L'importante è trovare attività che stimolino genuinamente il tuo interesse e si adattino al tuo stile di vita.

Spesso gli hobby più gratificanti sono quelli che coinvolgono le mani in modo creativo. La neurologa Kelly Lambert ha coniato il termine "neurobiologia dell'effort-driven reward" per descrivere come il lavoro manuale stimoli il rilascio di neurotrasmettitori associati al piacere e alla soddisfazione in modi che il consumo passivo di media non può replicare.

Non preoccuparti di diventare immediatamente bravo in un nuovo hobby, abbraccia lo status di principiante e il processo di apprendimento. Come dice il maestro zen Shunryu Suzuki: "*Nella mente del principiante ci sono molte possibilità, nella mente dell'esperto ce ne sono poche*". L'approccio del principiante all'apprendimento di una nuova abilità può essere incredibilmente liberatorio e rigenerante.

Il valore della noia creativa

Nella nostra società iperconnessa, la noia è vista quasi come una patologia da evitare a tutti i costi. Alla minima sensazione di noia, tendiamo a raggiungere compulsivamente lo smartphone per riempire il vuoto. Ma la noia, soprattutto quella che potremmo chiamare "noia creativa", ha un valore profondo che stiamo riscoprendo solo ora che l'abbiamo quasi eliminata dalle nostre vite.

La noia svolge diverse funzioni cruciali: permette al cervello di riposare e consolidare le informazioni, stimola la creatività e l'introspezione, e ci costringe a confrontarci con pensieri o emozioni che potremmo altrimenti sopprimere con la distrazione digitale.

Il neuroscienziato Marcus Raichle ha scoperto che quando la mente è apparentemente inattiva – durante quelli che chiamiamo momenti di noia – si attiva la "default mode network", una rete neurale cruciale per la costruzione dell'identità, la riflessione morale e la pianificazione del futuro. Privandoci della noia, ci priviamo di questo importante lavoro mentale di background.

Inizia a reintrodurre deliberatamente spazi di noia nella tua giornata. Fai una passeggiata senza ascoltare podcast o musica. Siediti su una panchina e osserva semplicemente il mondo che ti circonda. Aspetta in coda senza controllare lo smartphone. All'inizio potresti sentirti a disagio o irrequieto, ma con il tempo inizierai ad apprezzare questi momenti di pausa mentale.

Come ha scritto Bertrand Russell nel suo saggio "Elogio dell'ozio": *"Una generazione che non tollera la noia sarà una generazione di scarso valore... Un certo potere di sopportare la noia è essenziale per una vita felice, ed è uno dei doni che l'educazione dovrebbe conferire."*

Sezione 3
Creare una routine tecnologica sana

Non si tratta di eliminare completamente la tecnologia dalla tua vita, ma di stabilire un rapporto più equilibrato e intenzionale con essa. In questa sezione esploreremo come integrare la tecnologia nella tua vita in modo che sia al tuo servizio, non il contrario.

Pianificare l'uso della tecnologia

Uno dei modi più efficaci per riprendere il controllo del tuo rapporto con la tecnologia è passare da un utilizzo reattivo a uno pro-attivo e pianificato. Invece di rispondere a ogni notifica nel momento in cui arriva o controllare compulsivamente email e social, decidi tu quando, dove e come utilizzare i tuoi dispositivi.

Inizia programmando specifici "blocchi tecnologici" nella tua giornata: periodi dedicati esclusivamente al controllo di email, messaggi e social media. Ad esempio potresti decidere di controllare le email tre volte al giorno (mattina, mezzogiorno e sera) per 20 minuti ciascuna, e dedicare 30 minuti ai social media dopo cena.

Fuori da questi blocchi programmati, i tuoi dispositivi dovrebbero rimanere in modalità "non disturbare" o idealmente spenti o in un'altra stanza. Questo approccio ti permette di essere pienamente presente nelle altre attività della giornata, sapendo che avrai tempo dedicato per rimanere connesso più tardi.

Cal Newport, autore di "Digital Minimalism", suggerisce di creare un "piano di utilizzo tecnologico" settimanale, in cui specifichi esattamente quali tecnologie utilizzerai, quando e per quale scopo. Questa pratica ti costringe a essere intenzionale riguardo al tuo tempo online e a valutare se un particolare utilizzo della tecnologia è veramente allineato con i tuoi valori e priorità.

Routine mattutina senza dispositivi

I primi 60-90 minuti dopo il risveglio sono cruciali per impostare il tono della giornata. Purtroppo, molti di noi iniziano la giornata immediatamente immersi nel mondo digitale, controllando email, notizie o social media prima ancora di scendere dal letto. Questo ci catapulta in uno stato di reattività anziché di intenzionalità.

Crea una routine mattutina completamente libera da dispositivi digitali. Invece di raggiungere immediatamente lo smartphone, dedica i primi momenti della giornata ad attività che nutrono il corpo e la mente: meditazione, stretching, una breve passeggiata all'aria aperta, lettura, scrittura nel diario o semplicemente gustarti una colazione senza distrazioni.

Tieni lo smartphone in un'altra stanza durante la notte e utilizza una sveglia tradizionale. Se assolutamente necessario, puoi impostare il telefono in modalità aereo durante la notte e lasciarlo fuori dalla portata del letto.

L'imprenditore e autore Tim Ferriss suggerisce di *"vincere la mattina per vincere la giornata"*. Iniziare la giornata in modo consapevole anziché reattivo crea slancio positivo che tende a perpetuarsi nelle ore successive.

Regole per un uso consapevole dei social media

I social media possono essere strumenti potenti per la connessione e l'apprendimento, ma diventano problematici quando li utilizziamo in modo inconsapevole e compulsivo. Ecco alcune regole per un uso più sano:

1. **Fai una pulizia dei feed**: smetti di seguire account che ti fanno sentire inadeguato, ansioso o arrabbiato. Segui solo contenuti che ti ispirano, ti educano o ti portano gioia genuina.

2. **Disattiva le notifiche push**: le notifiche sono progettate per interrompere la tua attenzione e riportarti sulla piattaforma. Disattivale tutte tranne quelle davvero essenziali (come messaggi diretti da persone specifiche).

3. **Utilizza app e estensioni per limitare l'uso**: strumenti come Freedom, StayFocusd o Cold Turkey possono bloccare l'accesso ai social media durante determinati orari o limitare il tempo che puoi trascorrervi.

4. **Adotta la regola del "perché"**: prima di aprire un'app social fermati e chiediti: "Perché sto per fare questo? Qual è il mio intento?" Se non hai una risposta chiara, probabilmente è un'abitudine automatica che potresti riconsiderare.

5. **Pratica l'uso consapevole**: quando usi i social media, fallo con piena attenzione. Evita di scorrere meccanicamente; invece, interagisci in modo significativo con i contenuti e le persone che apprezzi.

Il ricercatore Tristan Harris, ex "design ethicist" di Google, suggerisce di configurare il tuo smartphone in "modalità bianco e nero" (opzione disponibile nelle impostazioni di accessibilità). Questo semplice cambiamento riduce significativamente il fascino visivo delle app e quindi la loro capacità di catturare la tua attenzione.

Eliminare le distrazioni digitali dal lavoro

La tecnologia dovrebbe aumentare la nostra produttività, non ostacolarla. Eppure molti di noi sperimentano l'effetto opposto: le stesse tecnologie che dovrebbero facilitare il nostro lavoro diventano fonti di distrazione costante.

Crea un ambiente di lavoro digitale minimalista: sul tuo computer mantieni aperte solo le applicazioni necessarie per il compito che stai svolgendo. Chiudi email, chat e browser se non sono essenziali per ciò che stai facendo in quel momento.

Utilizza la tecnica del "batch processing" per le comunicazioni. Invece di rispondere a ogni email o messaggio non appena arriva, raggruppa queste attività in blocchi dedicati 2-3 volte al giorno. Negli intervalli, chiudi il programma di posta elettronica e disattiva le notifiche.

Considera l'utilizzo di app di blocco come Freedom, Cold Turkey o Focus@Will che limitano l'accesso a siti web e applicazioni distraenti durante le ore di lavoro. Alcune di queste app utilizzano la "precommitment strategy": impostando restrizioni in anticipo, rendi più difficile cedere alla tentazione.

Per progetti che richiedono concentrazione profonda, prova la tecnica del "monastero digitale" proposta da Cal Newport: periodi di alcune ore in cui ti disconnetti completamente da internet per dedicarti esclusivamente a un singolo compito complesso. Questa immersione totale può portare a livelli di produttività e creatività difficili da raggiungere in uno stato di connessione costante.

Equilibrare tempo online e offline

L'obiettivo ultimo di una digital detox non è l'eliminazione completa della tecnologia, ma il raggiungimento di un equilibrio sostenibile tra vita online e offline. Questo equilibrio sarà diverso per ogni persona, a seconda del lavoro, delle circostanze di vita e delle preferenze personali.

Un approccio utile è quello di vedere la tecnologia come uno strumento per arricchire la tua vita offline, non come un sostituto di essa. Ad esempio puoi usare un'app per trovare sentieri escursionistici nella tua zona, ma poi lasciare il telefono in tasca mentre esplori la natura. O puoi utilizzare i social media per organizzare un incontro con amici, ma poi essere pienamente presente quando sei con loro.

Crea rituali di transizione tra gli stati online e offline. Ad esempio, dopo una sessione di lavoro al computer, potresti fare una breve passeggiata, qualche respiro profondo o un esercizio di stretching prima di passare all'attività successiva. Questi rituali aiutano il tuo cervello a "cambiare marcia" e a lasciare andare il flusso di informazioni digitali.

Considera l'adozione di un "Sabbath digitale": un giorno alla settimana completamente libero da tecnologia. Questo pratica, ispirata al concetto religioso di giorno di riposo, crea uno spazio regolare per il recupero dall'affaticamento digitale e per la riconnessione con gli aspetti non mediati della vita.

Come scrive la giornalista tecnologica Catherine Price nel suo libro "How to Break Up With Your Phone": "*Non si tratta di rinunciare alla tecnologia; si tratta di creare un rapporto più sano con essa, in modo che sia uno strumento che utilizziamo intenzionalmente, non qualcosa che ci controlla*".

Il percorso verso un rapporto più sano con la tecnologia non è una linea retta ma un processo continuo di sperimentazione, apprendimento e adattamento. Ci saranno giorni in cui ti sentirai completamente in controllo e altri in cui ricadrai nelle vecchie abitudini. Questo è normale e fa parte del processo di cambiamento.

L'importante è mantenere l'intenzione di fondo: creare una vita in cui la tecnologia sia al tuo servizio, non il contrario. Una vita in cui i dispositivi digitali arricchiscano la tua esperienza umana invece di sostituirla o impoverirla.

Capitolo 4
La tecnologia e l'educazione delle nuove generazioni

Sezione 1
L'impronta digitale sui giovani

Come la tecnologia influenza lo sviluppo cognitivo ed emotivo dei bambini

In un pomeriggio qualunque, in qualsiasi città, non è raro osservare bambini di tre anni che maneggiano con destrezza sorprendente smartphone e tablet. I loro piccoli indici scorrono sugli schermi con una familiarità che a volte lascia sbalorditi gli adulti. Questa scena, così comune oggi, sarebbe stata fantascienza appena vent'anni fa.

La tecnologia digitale ha trasformato radicalmente l'infanzia. I bambini di oggi nascono in un mondo dove il digitale non è un'opzione, ma un elemento costitutivo della realtà quotidiana. Questo solleva interrogativi fondamentali: come influisce questa immersione tecnologica precoce sul loro sviluppo cognitivo? Quali impronte lascia sui percorsi neurali in formazione?

Studi recenti suggeriscono che l'uso della tecnologia può influenzare positivamente alcune abilità cognitive. I bambini che utilizzano app educative ben progettate possono sviluppare migliori capacità di problem-solving, riconoscimento di pattern e pensiero logico. I videogiochi, spesso demonizzati, possono in realtà migliorare la coordinazione occhio-mano, i riflessi e persino alcune forme di attenzione visiva selettiva.

Tuttavia, il rovescio della medaglia è altrettanto significativo. L'esposizione precoce e intensiva agli schermi può interferire con lo sviluppo di abilità fondamentali come l'empatia, la pazienza e la capacità di gestire la frustrazione. I dispositivi digitali offrono gratificazioni immediate e costanti, creando aspettative di ricompensa istantanea che il mondo reale raramente soddisfa.

Sul piano emotivo, la questione diventa ancora più complessa; i bambini imparano a regolare le proprie emozioni attraverso le interazioni faccia a faccia, osservando le espressioni altrui e ricevendo feedback immediati sul proprio comportamento. Quando le interazioni digitali sostituiscono quelle umane dirette, questa alfabetizzazione emotiva rischia di essere compromessa.

Il ruolo della neuroplasticità nell'uso precoce di dispositivi digitali

La neuroplasticità (la straordinaria capacità del cervello di riorganizzarsi formando nuove connessioni neurali) è particolarmente intensa nei primi anni di vita. Il cervello di un bambino è come un terreno fertile, pronto a svilupparsi in risposta agli stimoli dell'ambiente.

Quando un bambino piccolo interagisce regolarmente con dispositivi digitali, il suo cervello si adatta a questo tipo di stimolazione. Si formano e si rafforzano circuiti neurali specifici per elaborare informazioni rapide, frammentate e visivamente stimolanti. È come se il cervello dicesse: "Questo è il mondo in cui vivo, quindi mi adatterò per prosperare in esso."

Questa plasticità neurale può essere sia una benedizione che una sfida. Da un lato i bambini sviluppano una notevole agilità nel navigare ambienti digitali complessi, dall'altro i circuiti neurali dedicati ad abilità come l'attenzione sostenuta, la riflessione profonda e l'elaborazione delle emozioni potrebbero non ricevere la stimolazione necessaria per svilupparsi pienamente.

Immaginiamo un bambino che trascorre gran parte del suo tempo con app e giochi che cambiano rapidamente. Il suo cervello diventerà esperto nell'elaborare informazioni rapide e nel passare velocemente da un compito all'altro. Ma potrebbe faticare a sviluppare la capacità di concentrarsi profondamente su un singolo compito per un periodo prolungato, un'abilità cruciale per l'apprendimento profondo.

La questione non è se la tecnologia debba far parte della vita dei bambini, ma piuttosto come equilibrarla con altre esperienze fondamentali per uno sviluppo neurale armonioso: il gioco libero, l'esplorazione fisica del mondo, le interazioni sociali faccia a faccia e il contatto con la natura.

Effetti dell'esposizione prolungata agli schermi sull'attenzione e sulla creatività

"Mamma, mi annoio!" – questa frase, una volta comune nei pomeriggi infantili, si sente sempre meno. La noia, quel vuoto apparentemente improduttivo, è stata riempita da schermi sempre pronti a intrattenere. Ma cosa perdiamo quando eliminiamo la noia?

L'esposizione prolungata agli schermi può influenzare profondamente la capacità di attenzione dei bambini. I contenuti digitali, con la loro stimolazione visiva intensa e il ritmo rapido, possono creare una sorta di "preferenza attenzionale" per stimoli ad alta intensità. Di conseguenza attività che richiedono un'attenzione più pacata, come la lettura di un libro, l'ascolto in classe o semplicemente osservare la natura, possono sembrare insufficientemente stimolanti.

Questo fenomeno ha portato alcuni ricercatori a parlare di una "sindrome da deficit di natura" e di una riduzione della capacità di attenzione sostenuta nelle nuove generazioni. Il risultato è una mente che cerca costantemente nuovi stimoli, che fatica a immergersi profondamente in un'attività e che può sentirsi a disagio nei momenti di calma.

Quanto alla creatività, il quadro è altrettanto complesso. Da un lato le tecnologie digitali offrono strumenti creativi potentissimi, democratizzando l'accesso a capacità espressive un tempo riservate ai professionisti, dall'altro la creatività più autentica nasce spesso nei momenti di noia, quando la mente è libera di vagare e di stabilire connessioni inaspettate tra idee apparentemente non correlate.

Quando ogni momento libero viene riempito da contenuti preconfezionati, lo spazio per l'immaginazione spontanea si riduce. Un bambino che osserva le nuvole e vi scorge forme fantastiche sta esercitando una creatività diversa da quella di chi usa un'app per disegnare seguendo schemi prestabiliti.

La sfida per genitori ed educatori è trovare il giusto equilibrio: utilizzare la tecnologia come strumento per amplificare la creatività naturale dei bambini, senza che diventi un sostituto dell'immaginazione autonoma.

Differenze tra generazioni analogiche e digitali

Si parla spesso di "nativi digitali", quella generazione che non ha conosciuto un mondo senza internet, smartphone e social media. Questo termine coglie una verità fondamentale: chi è nato nell'era digitale ha un rapporto diverso con la tecnologia rispetto a chi ha vissuto la transizione dall'analogico al digitale.

Per un adulto cresciuto con libri cartacei, mappe fisiche e conversazioni telefoniche limitate, il digitale rappresenta un'estensione del mondo analogico, un set di strumenti che si sono aggiunti a quelli tradizionali. Per un nativo digitale, invece, la distinzione tra online e offline è spesso sfumata, se non irrilevante. La tecnologia non è uno strumento esterno, ma un ambiente naturale in cui si vive.

Questa differenza fondamentale si manifesta in molteplici aspetti. I nativi digitali tendono a essere (o a credere di essere...) "multitasking", abituati a gestire simultaneamente diverse fonti di informazione. Apprendono spesso per tentativi ed errori, piuttosto che seguendo istruzioni lineari, hanno aspettative di immediatezza e personalizzazione in ogni aspetto della vita.

D'altra parte, le generazioni precedenti possono vantare esperienze che i nativi digitali rischiano di perdere: la pazienza di cercare informazioni in un'enciclopedia, la capacità di orientarsi senza GPS, il valore della comunicazione non mediata da schermi.

Né l'approccio analogico né quello digitale è intrinsecamente superiore, entrambi presentano punti di forza e debolezza. La sfida è creare ponti tra queste diverse modalità di esperienza, permettendo alle nuove generazioni di beneficiare della saggezza analogica e alle precedenti di abbracciare le potenzialità del digitale.

Riflessioni sociologiche sulle nuove forme di socializzazione

"Ti vedo online più tardi?". Questa domanda, rivolta da un adolescente a un amico mentre si separano all'uscita di scuola, illustra perfettamente come la socializzazione contemporanea si estenda oltre i confini dello spazio fisico.

La socializzazione, quel processo fondamentale

attraverso cui i giovani acquisiscono norme, valori e comportamenti della società, ha subito una trasformazione radicale. Le comunità online, i gruppi di chat e i social media hanno creato nuovi spazi di interazione sociale con regole e dinamiche proprie.

Dal punto di vista sociologico assistiamo a fenomeni inediti: l'identità sociale si costruisce ora anche attraverso profili digitali e interazioni online. I gruppi di pari si formano non solo per prossimità geografica, ma per interessi condivisi che superano barriere spaziali. Un adolescente appassionato di un hobby di nicchia può trovare una comunità di riferimento online che sarebbe impossibile incontrare nel proprio quartiere.

Questa socializzazione digitale presenta opportunità straordinarie. Giovani con interessi minoritari o con difficoltà nelle interazioni faccia a faccia possono trovare comunità accoglienti. L'accesso a diverse prospettive culturali può ampliare gli orizzonti e promuovere l'empatia.

Tuttavia, emergono anche sfide significative. Le interazioni online mancano degli elementi non verbali cruciali della comunicazione umana. La presenza costante sui social media può generare pressioni sociali intense e nuove forme di esclusione. La tendenza algoritmica a creare "camere dell'eco" può limitare l'esposizione a idee diverse.

Inoltre, la socializzazione digitale è spesso invisibile agli adulti. Genitori ed educatori faticano a monitorare e guidare processi che avvengono in spazi a cui non hanno accesso diretto.

La sfida non è demonizzare queste nuove forme di socializzazione, ma comprenderne le dinamiche e aiutare i giovani a navigarle consapevolmente, mantenendo al contempo l'importanza delle relazioni faccia a faccia, con la loro insostituibile ricchezza emotiva e sensoriale.

Sezione 2
Educazione digitale consapevole

Strategie per insegnare ai bambini un uso equilibrato della tecnologia

"Papà, posso usare il tablet?". Questa richiesta, familiare a molti genitori, apre ogni volta un campo di negoziazione complesso. Come rispondere? Un secco "no" rischia di demonizzare la tecnologia e renderla ancora più desiderabile. Un "sì" incondizionato abdica alla responsabilità educativa.

L'educazione a un uso equilibrato della tecnologia richiede un approccio sfumato, che riconosca sia i benefici che i rischi del digitale. Ecco alcune strategie efficaci che genitori ed educatori possono adottare.

Innanzitutto, l'esempio personale è cruciale. I bambini imparano più da ciò che vedono fare che da ciò che viene loro detto. Un genitore costantemente attaccato allo smartphone difficilmente convincerà il figlio dell'importanza di limitare il tempo davanti allo schermo. Creare "zone libere da tecnologia" in casa vale, e deve valere, per tutti i membri della famiglia.

In secondo luogo, è importante distinguere tra diversi tipi di utilizzo digitale. Non tutto il tempo passato davanti a uno schermo ha lo stesso valore. Un'ora dedicata a un'app educativa ben progettata, a un videogioco che stimola la collaborazione o alla creazione di contenuti digitali ha un impatto diverso rispetto a un'ora di scrolling passivo sui social media.

Terzo, l'obiettivo non dovrebbe essere limitare arbitrariamente il tempo di schermo, ma insegnare ai bambini a riflettere sul proprio uso della tecnologia. Domande come: "Come ti senti dopo aver usato il tablet?", "Questo gioco ti ha insegnato qualcosa?", "Pensi che il tempo passato online oggi sia stato ben speso?" aiutano a sviluppare la metacognizione e l'autoregolazione.

Infine, è fondamentale introdurre la tecnologia gradualmente, in base all'età e alla maturità. Un bambino piccolo ha bisogno di molta supervisione e di limiti chiari, mentre un adolescente dovrebbe essere guidato verso una crescente autonomia e responsabilità nelle proprie scelte digitali.

Come introdurre regole familiari per limitare il tempo di schermo

Stabilire regole efficaci sul tempo di schermo è una delle sfide più comuni per le famiglie contemporanee. L'approccio più promettente non è imporre divieti dall'alto, ma costruire un "patto digitale familiare" attraverso un processo collaborativo.

Il primo passo è avviare una conversazione aperta sui bisogni e i desideri di tutti i membri della famiglia. Anche i bambini più piccoli possono esprimere ciò che amano fare con i dispositivi digitali e perché. Questo non significa che avranno l'ultima parola, ma che le loro prospettive vengono ascoltate e rispettate.

Una volta raccolti questi input, la famiglia può elaborare insieme un set di regole che bilancino diverse esigenze. Queste regole dovrebbero essere specifiche, realistiche e collegate a principi comprensibili. Non solo "massimo un'ora al giorno di tablet", ma "possiamo usare i dispositivi dopo aver completato i compiti e le responsabilità familiari, fino a un'ora al giorno, perché abbiamo bisogno di tempo anche per altre attività importanti".

È utile distinguere tra giorni feriali e weekend, prevedendo magari maggiore flessibilità nei giorni liberi. Anche le occasioni speciali, come lunghi viaggi o giorni di malattia, possono avere regole diverse.

Un elemento chiave è l'utilizzo di timer o allarmi per segnalare la fine del tempo concordato. Questo riduce i conflitti, poiché non è il genitore a "strappare" il dispositivo, ma una regola condivisa a segnare il limite.

Le regole dovrebbero evolversi con la crescita dei

69

bambini e potrebbero necessitare aggiustamenti periodici. Revisioni regolari del "patto digitale familiare" – magari durante una riunione mensile – permettono di valutare cosa funziona e cosa no.

Infine, le conseguenze per il mancato rispetto delle regole, dovrebbero essere chiare e coerenti, ma non draconiane. L'obiettivo non è punire, ma insegnare l'autoregolazione e la responsabilità.

L'importanza del gioco libero e non strutturato nella crescita

In un'epoca in cui l'infanzia è sempre più programmata, tra attività extrascolastiche, compiti e intrattenimento digitale, il gioco libero e non strutturato rischia di diventare una specie in via d'estinzione. Eppure, paradossalmente, è proprio quando i bambini sembrano "non fare nulla" che spesso stanno imparando di più.

Il gioco libero, quel tipo di gioco iniziato e diretto dal bambino stesso e senza regole imposte dagli adulti, è un potente motore di sviluppo cognitivo, emotivo e sociale. Quando un bambino costruisce un forte con i cuscini, inventa storie per le sue bambole o esplora un cortile vuoto, sta sviluppando creatività, problem-solving, autoregolazione e pensiero divergente.

A differenza delle attività digitali, che offrono percorsi predefiniti e gratificazioni programmate, il gioco libero richiede al bambino di creare le proprie strutture di significato. È un'esperienza aperta, imprevedibile, che insegna a gestire l'incertezza e a sviluppare resilienza.

Il gioco all'aria aperta, in particolare, offre benefici che nessun'app educativa può replicare: l'esposizione alla luce naturale regola i ritmi circadiani, il movimento fisico sviluppa la motricità e il cervelletto, l'interazione con elementi naturali stimola tutti i sensi.

Per genitori ed educatori, la sfida è creare le condizioni per il gioco libero in un mondo che sembra cospirare contro di esso. Questo significa riservare nella routine quotidiana tempi non strutturati, fornire materiali open-ended (come blocchi di legno, stoffe, cartoni) che possono essere utilizzati in modi diversi, e resistere alla tentazione di dirigere o "migliorare" il gioco spontaneo dei bambini.

Significa anche accettare un certo grado di disordine, rumore e persino noia, quella noia produttiva che spesso precede le idee più creative. In un'epoca di stimolazione costante, regalare ai bambini il lusso del tempo non programmato potrebbe essere uno dei doni più preziosi.

Educare alla consapevolezza digitale fin dalla tenera età

L'alfabetizzazione digitale va ben oltre il saper usare un tablet o navigare su internet. Si tratta di sviluppare una consapevolezza critica che permetta ai bambini di comprendere, valutare e utilizzare responsabilmente le tecnologie digitali.

Questo percorso educativo può e deve iniziare presto, con modalità adeguate all'età. Anche con i bambini più piccoli, si può iniziare a parlare di concetti fondamentali come la privacy (ad esempio, "prima di condividere una foto di qualcuno, chiediamo il permesso") o il pensiero critico ("non tutto quello che vediamo online è vero").

Man mano che i bambini crescono, l'educazione alla consapevolezza digitale dovrebbe espandersi per includere temi come:

- L'impronta digitale: comprendere che ogni azione online lascia tracce che possono durare nel tempo
- La pubblicità e le tecniche di persuasione: riconoscere quando qualcuno sta cercando di vendere un prodotto o un'idea
- L'economia dell'attenzione: capire perché le app sono progettate per catturare e mantenere la nostra attenzione
- La verifica delle fonti: sviluppare strumenti per valutare l'affidabilità delle informazioni online
- Le dinamiche dei social media: comprendere come funzionano algoritmi, like e condivisioni

Questo tipo di educazione dovrebbe essere integrata naturalmente nelle conversazioni quotidiane, non presentata come una serie di lezioni formali. Quando un bambino nota una pubblicità in un gioco, è un'opportunità per discutere di marketing. Quando un adolescente si imbatte in una notizia dubbia, è il momento di esplorare insieme come verificarne l'autenticità.

L'obiettivo finale è formare "cittadini digitali" consapevoli, che utilizzino la tecnologia come strumento per i propri scopi, anziché esserne utilizzati. Individui che comprendano non solo come usare le tecnologie, ma anche come queste tecnologie stanno usando loro.

Creare spazi di apprendimento offline

In un mondo sempre più digitalizzato, creare deliberatamente spazi di apprendimento offline diventa un atto di resistenza creativa. Non si tratta di rifiutare la tecnologia, ma di riconoscere che esistono forme di conoscenza e esperienza che fioriscono meglio in sua assenza.

Uno spazio di apprendimento offline può essere fisico, come un angolo di lettura accogliente, un laboratorio artigianale o un giardino da coltivare, ma è soprattutto uno spazio mentale, un tempo dedicato all'esplorazione senza schermi.

Le biblioteche domestiche continuano a svolgere un ruolo fondamentale. Un libro cartaceo offre un'esperienza di immersione diversa da quella di un e-book: il peso nelle mani, l'odore della carta, l'assenza di notifiche e la possibilità di vedere fisicamente il proprio progresso attraverso le pagine. Per i bambini più piccoli, la lettura condivisa con un adulto, crea un legame emotivo che nessuna app interattiva può replicare.

Lo stesso vale per gli spazi dedicati all'arte e all'artigianato. Dipingere con acquerelli, modellare l'argilla, lavorare il legno: queste attività offrono un feedback sensoriale ricco e un'esperienza diversa dalla creazione digitale. L'errore non si cancella con un tasto, ma diventa parte del processo creativo.

Gli spazi naturali rappresentano forse il più potente ambiente di apprendimento offline. Un bosco, un ruscello o anche un piccolo giardino urbano offrono infinite possibilità di esplorazione scientifica, stimolazione sensoriale e contemplazione. La natura insegna pazienza, osservazione attenta e interconnessione in modi che nessuna simulazione digitale può eguagliare.

Infine gli spazi sociali non mediati, dal tavolo di cucina alle piazze pubbliche, rimangono cruciali per sviluppare competenze di comunicazione autentica. La conversazione faccia a faccia, con i suoi silenzi, sovrapposizioni e linguaggio corporeo, insegna sfumature relazionali che le chat non possono trasmettere.

La sfida per genitori ed educatori è proteggere e valorizzare questi spazi offline, rendendoli abbastanza attraenti da competere con le seduzioni della tecnologia, senza trasformarli in una "medicina amara" imposta dall'alto.

Sezione 3
Proteggere gli adolescenti dallo stress digitale

Il fenomeno del cyberbullismo e come affrontarlo

"Non voglio più andare a scuola." Quando un adolescente pronuncia queste parole, potrebbe non essere solo un capriccio... nell'era digitale il bullismo non termina al suono della campanella. Segue la vittima a casa, nel suo spazio privato, attraverso smartphone e social media, 24 ore su 24, sette giorni su sette.

Il cyberbullismo rappresenta una forma particolarmente insidiosa di aggressione. A differenza del bullismo tradizionale, può essere perpetrato nell'anonimato, raggiungere un pubblico potenzialmente illimitato e lasciare tracce permanenti online. Inoltre, la distanza fisica tra aggressore e vittima, può ridurre l'empatia e il senso di responsabilità, portando a comportamenti che raramente si manifesterebbero nelle interazioni faccia a faccia.

Affrontare il cyberbullismo richiede un approccio multilaterale che coinvolga adolescenti, genitori, educatori e piattaforme digitali. Il primo passo è creare un ambiente in cui i giovani si sentano sicuri nel chiedere aiuto. Molte vittime di cyberbullismo rimangono in silenzio per paura, vergogna o timore che gli adulti possano peggiorare la situazione limitando il loro accesso alla tecnologia.

I genitori possono contribuire mantenendo un dialogo aperto sui temi della vita online, senza giudicare o reagire in modo eccessivo. Frasi come: "Se qualcuno ti infastidisce online, puoi sempre parlarmene senza paura che ti tolga il telefono" possono fare una grande differenza.

Le scuole hanno un ruolo cruciale nell'educazione alla cittadinanza digitale e nella creazione di politiche chiare contro il cyberbullismo. Programmi di peer education, in cui studenti più grandi educano i più giovani, si sono dimostrati particolarmente efficaci, sfruttando la naturale influenza del gruppo dei pari.

Sul fronte tecnologico, è importante insegnare agli adolescenti come utilizzare gli strumenti di protezione disponibili: bloccare gli aggressori, segnalare contenuti inappropriati, documentare gli abusi e gestire le impostazioni di privacy. Allo stesso tempo, le piattaforme digitali devono assumersi maggiori responsabilità nel creare ambienti online più sicuri.

Infine è fondamentale lavorare non solo con le vittime, ma anche con i bulli potenziali o attuali, esplorando le radici del comportamento aggressivo e promuovendo l'empatia. Spesso chi bullizza online non comprende pienamente l'impatto delle proprie azioni o sta a sua volta affrontando difficoltà personali.

L'influenza dei social media sull'autostima e l'identità adolescenziale

L'adolescenza è sempre stata una fase di intensa esplorazione identitaria. "Chi sono?" e "Come mi vedono gli altri?" sono domande fondamentali di questo periodo. Oggi, queste domande si pongono non solo negli spazi fisici della scuola o del quartiere, ma anche – e forse soprattutto – nell'arena vastissima dei social media.

Piattaforme come Instagram, TikTok e Snapchat sono diventate palcoscenici su cui gli adolescenti costruiscono, testano e rifiniscono le loro identità pubbliche. Questo processo presenta opportunità uniche: sperimentare diversi aspetti di sé, connettersi con comunità di interesse, trovare modelli di riferimento alternativi a quelli disponibili localmente.

Tuttavia i social media introducono anche pressioni e distorsioni significative. Il confronto costante con vite apparentemente perfette, ma spesso accuratamente curate e filtrate, può alimentare insicurezze e insoddisfazione. La quantificazione dell'approvazione sociale attraverso like e follower trasforma relazioni complesse in competizioni numeriche. La necessità di presentarsi costantemente nel miglior modo possibile può creare un divario doloroso tra il sé autentico e quello performativo.

Ricerche recenti hanno evidenziato correlazioni preoccupanti tra l'uso intensivo dei social media e indicatori di disagio psicologico come ansia, depressione e disturbi dell'immagine corporea, particolarmente nelle ragazze adolescenti. La FOMO (Fear Of Missing Out – paura di essere esclusi) è diventata un'esperienza comune, alimentata dal flusso continuo di aggiornamenti sulle attività altrui.

Come possiamo aiutare gli adolescenti a navigare queste acque complesse? Un primo passo è promuovere la consapevolezza critica dei meccanismi dei social media. Discutere apertamente di come le immagini vengono manipolate, di come gli algoritmi privilegiano contenuti emotivamente carichi, di come le metriche di engagement possano distorcere il valore personale.

È anche importante aiutare i giovani a sviluppare una solida identità offline, basata su relazioni significative faccia a faccia e su attività che offrano un senso di competenza e realizzazione intrinseca, non dipendente dalla validazione esterna.

Infine dobbiamo normalizzare conversazioni oneste sulle emozioni negative che i social media possono suscitare. Sentirsi inadeguati o esclusi scrollando feed pieni di momenti felici altrui non è un fallimento personale, ma un'esperienza comune che merita di essere riconosciuta e elaborata.

Come aiutare gli adolescenti a gestire la pressione sociale online

La pressione sociale ha sempre fatto parte dell'adolescenza, ma i social media l'hanno amplificata e trasformata in modi significativi. Online, la pressione diventa più pervasiva (sempre presente), più quantificabile (misurata in like e seguaci) e più pubblica (visibile a un pubblico potenzialmente vasto).

Gli adolescenti oggi navigano un panorama sociale complesso, cercando di bilanciare autenticità e accettazione, privacy e connessione, individualità e appartenenza. Come possiamo equipaggiarli per gestire queste tensioni?

Una strategia fondamentale è aiutarli a sviluppare una solida "bussola interna", un senso di valori e priorità personali che possa guidarli anche quando la pressione esterna diventa intensa. Conversazioni significative su ciò che conta davvero nella vita creano un contrappeso alla cultura dell'apparenza e della popolarità a tutti i costi.

È anche importante insegnare agli adolescenti che possono esercitare controllo sul proprio ambiente digitale. Possono scegliere consapevolmente chi seguire, quali notifiche attivare, quando mettere in pausa i social media. Possono curare il proprio feed per renderlo una fonte di ispirazione e connessione autentica, piuttosto che di ansia e inadeguatezza.

Un altro approccio efficace è normalizzare il "dissenso sociale", la capacità di non conformarsi quando una richiesta va contro i propri valori o il proprio benessere. Condividere storie di persone che hanno avuto il coraggio di andare controcorrente può offrire modelli positivi di resistenza alla pressione negativa.

Anche le tecniche di mindfulness possono essere potenti alleate. Insegnare agli adolescenti a notare quando si sentono travolti dalla comparazione sociale o dall'ansia da prestazione, a fare un passo indietro e a riconnettersi con il momento presente, può interrompere spirali negative.

Infine è cruciale ricordare che gli adulti possono influenzare profondamente il rapporto dei giovani con i social media attraverso il proprio esempio. Un genitore costantemente preoccupato della propria immagine online o ossessionato dai like trasmette implicitamente che il valore personale dipende dalla validazione digitale.

Come aiutare gli adolescenti a gestire la pressione sociale online

Immagina di essere un adolescente oggi. Il tuo smartphone non è semplicemente un dispositivo, ma una porta verso un universo parallelo dove ogni momento della tua vita viene scrutinato, giudicato e permanentemente registrato. Un like in meno, un commento ignorato, un'esclusione da una conversazione di gruppo, tutto assume proporzioni titaniche nel fragile ecosistema dell'autostima adolescenziale.

La pressione sociale non è certo una novità nella vita dei giovani, ma la sua trasformazione nell'era digitale ha cambiato radicalmente le regole del gioco. Prima l'imbarazzo di un passo falso si consumava tra i corridoi della scuola; oggi, può diventare virale, eterno, impossibile da cancellare. Come possiamo, quindi, equipaggiare i nostri ragazzi per navigare queste acque tempestose?

Tutto inizia dal dialogo aperto. Molti genitori temono il mondo online perché non lo comprendono completamente, creando così un muro invisibile che impedisce la comunicazione. Abbattere questa barriera è fondamentale: chiedi a tuo figlio di mostrarti come funziona TikTok, interessati alle sue interazioni su Instagram, condividi una risata su un meme. Questa curiosità non è invadenza, ma un ponte verso il suo mondo.

La consapevolezza digitale deve essere coltivata fin dalle prime esplorazioni online. Insegniamo ai nostri ragazzi che dietro ogni profilo perfetto c'è una realtà imperfetta, dietro ogni foto ritoccata c'è una persona con insicurezze. Mostriamogli esempi di come le immagini vengono manipolate, di come la vita online rappresenti spesso solo la punta dell'iceberg dell'esistenza umana.

Un esercizio potente consiste nel chiedere ai ragazzi di tenere un "diario delle emozioni digitali" per una settimana: annotare come si sentono prima, durante e dopo l'uso dei social media. Questo semplice strumento può rivelare pattern sorprendenti, aiutandoli a riconoscere quali interazioni online nutrono il loro benessere e quali invece lo prosciugano.

È essenziale anche instillare il coraggio di disconnettersi. In un mondo che premia la presenza costante, scegliere deliberatamente di assentarsi è un atto rivoluzionario. Stabilire "zone franche dai dispositivi" — durante i pasti, prima di dormire, durante attività familiari — non è una punizione, ma un regalo: lo spazio per respirare, per esistere senza il peso degli occhi digitali addosso.

Forse l'arma più potente contro la pressione sociale online è la costruzione di un'identità solida offline. Un adolescente che sa chi è, che ha passioni che lo animano e relazioni autentiche che lo sostengono, possiede già un antidoto potente contro il veleno del giudizio altrui. Questo ci porta direttamente alla seconda parte del nostro discorso.

Promuovere attività extracurricolari che stimolano la resilienza

La resilienza non è un talento innato, ma un muscolo che si sviluppa attraverso l'esercizio costante. Le attività extracurricolari, lungi dall'essere semplici "riempitivi" tra un compito e l'altro, rappresentano palestre emotive dove questo muscolo può crescere robusto.

Consideriamo gli sport di squadra: un ragazzo che impara a rialzarsi dopo una sconfitta, a celebrare le vittorie collettive sopra i trionfi personali, a persistere nonostante la fatica, sta apprendendo lezioni di vita che nessun libro di testo potrà mai insegnare. La pallavolo, il basket, il calcio diventano microcosmi dove sperimentare sicurezza fallimenti e successi, costruendo gradualmente la capacità di affrontare le delusioni con grazia e determinazione.

Le arti non sono da meno. Un adolescente che studia uno strumento musicale impara che la maestria richiede pazienza, che la frustrazione è parte integrante dell'apprendimento, che la bellezza nasce spesso dalla ripetizione apparentemente monotona. Il teatro insegna l'empatia, la capacità di mettersi nei panni altrui, di esplorare emozioni complesse in uno spazio protetto. La danza coniuga disciplina fisica e espressione emotiva, insegnando ai giovani ad abitare pienamente il proprio corpo in un'età in cui spesso si sentono estranei ad esso.

Anche attività meno strutturate come l'esplorazione della natura hanno un valore inestimabile: una camminata in montagna, l'orientamento in un bosco, la scoperta degli ecosistemi di un fiume, tutte esperienze che insegnano l'umiltà di fronte alla grandezza del mondo, la capacità di adattarsi all'imprevisto, la connessione con qualcosa di più grande di sé.

Il volontariato merita un capitolo a parte. Un adolescente che dedica tempo ad aiutare gli altri, che si tratti di assistere anziani, salvaguardare l'ambiente o supportare bambini in difficoltà, sviluppa non solo empatia ma anche prospettiva. I problemi personali assumono dimensioni diverse quando confrontati con le sfide di chi è meno fortunato. Inoltre, l'esperienza di "fare la differenza" nutre un senso di efficacia personale che è fondamentale per la costruzione della resilienza.

Non dimentichiamo poi le attività che stimolano la creatività e il problem-solving: coding, robotica, debate, scrittura creativa. In un mondo in rapida evoluzione, la capacità di pensare fuori dagli schemi e di adattarsi a scenari inediti rappresenta una risorsa inestimabile.

Il ruolo degli adulti in questo processo è delicato: dobbiamo incoraggiare senza pressare, supportare senza sostituirci, riconoscere gli sforzi oltre i risultati. La tentazione di trasformare ogni attività in una competizione per l'eccellenza è forte, ma controproducente. L'obiettivo non è creare campioni, ma individui equilibrati, capaci di navigare le complessità della vita con fiducia e flessibilità.

In definitiva, il binomio tra gestione consapevole della pressione sociale online e sviluppo della resilienza attraverso attività significative offline, rappresenta forse la strategia più efficace per crescere adolescenti solidi nel mondo contemporaneo. Non possiamo proteggerli da ogni delusione o fallimento — né dovremmo farlo — ma possiamo equipaggiarli con gli strumenti per trasformare queste esperienze in gradini verso una maturità autentica e consapevole.

Capitolo 5
Società digitale e connessione umana

Sezione 1
La solitudine nell'era connessa

Paradosso della connessione digitale e isolamento sociale

Nel cuore pulsante dell'era digitale si nasconde un paradosso tanto affascinante quanto inquietante: non siamo mai stati così connessi e, contemporaneamente, così profondamente soli. Ogni giorno miliardi di persone in tutto il mondo si risvegliano e, quasi istintivamente, allungano la mano verso il proprio smartphone. Questa abitudine, apparentemente innocua, rappresenta il nostro cordone ombelicale con un universo virtuale popolato da amici, familiari, conoscenti e sconosciuti. Eppure, mentre i nostri pollici scorrono freneticamente sugli schermi, qualcosa di essenziale nella nostra esperienza umana sta silenziosamente svanendo.

I numeri parlano chiaro: trascorriamo in media oltre sette ore al giorno immersi nei nostri dispositivi digitali. Siamo costantemente aggiornati sulle vite degli altri attraverso i social media, eppure numerosi studi rivelano un aumento preoccupante dei livelli di solitudine nelle società tecnologicamente avanzate. Come possiamo spiegare questa contraddizione? La risposta risiede nella qualità, non nella quantità, delle nostre connessioni.

La solitudine non è semplicemente l'assenza di persone attorno a noi, ma piuttosto la mancanza di relazioni significative e profonde. I "mi piace" e i commenti fugaci sui social media creano un'illusione di intimità che raramente riesce a soddisfare il nostro bisogno innato di connessione autentica. Ci troviamo così in una situazione paradossale: circondati da centinaia, se non migliaia di connessioni virtuali, ma privi di quei legami sostanziali che nutrono il nostro benessere emotivo.

Come la tecnologia ha trasformato il concetto di comunità

Il concetto di comunità ha subito una metamorfosi radicale nell'era digitale. Se fino a pochi decenni fa la nostra idea di comunità era invariabilmente legata a uno spazio fisico condiviso (il quartiere, la piazza del paese, il luogo di culto) oggi ci troviamo di fronte a una realtà completamente diversa. Le comunità virtuali hanno abbattuto le barriere geografiche, permettendoci di entrare in contatto con persone che condividono i nostri interessi specifici, indipendentemente dalla loro ubicazione fisica.

Questa espansione dei confini comunitari offre indubbiamente opportunità straordinarie. Chi ha interessi di nicchia o appartiene a minoranze può finalmente trovare il proprio gruppo di riferimento; persone geograficamente isolate possono accedere a risorse e supporti che altrimenti sarebbero fuori dalla loro portata;

movimenti sociali possono organizzarsi e mobilitarsi con una rapidità e un'efficacia senza precedenti.

Tuttavia, la medaglia ha anche un rovescio. Le comunità digitali tendono a essere più fluide e meno vincolanti rispetto a quelle tradizionali. Entrare e uscire da un gruppo online richiede un semplice clic, mentre le comunità fisiche implicano un livello di impegno e responsabilità molto più elevato. Gli algoritmi che governano le piattaforme social ci spingono sempre più verso l'omofilia (la tendenza a interagire principalmente con persone simili a noi) creando così delle "camere d'eco" che rischiano di polarizzare ulteriormente la società.

La sfida che ci troviamo ad affrontare non è tanto quella di scegliere tra comunità fisiche e digitali, quanto piuttosto quella di trovare un equilibrio che possa trarre il meglio da entrambe le dimensioni.

Analisi sociologica del declino delle interazioni faccia a faccia

Il declino delle interazioni faccia a faccia rappresenta una delle tendenze sociologiche più significative del nostro tempo. I dati sono eloquenti: secondo recenti ricerche, il tempo dedicato alle conversazioni dirette è diminuito di circa il 40% nelle ultime due decadi, mentre il numero medio di amici stretti su cui possiamo contare è passato da 3/5 a 1/2.

Questa trasformazione ha radici complesse e interconnesse. Certamente la tecnologia digitale gioca un ruolo centrale, ma sarebbe riduttivo considerarla l'unica responsabile. L'urbanizzazione crescente, la mobilità lavorativa, la frammentazione dei nuclei familiari e i ritmi sempre più frenetici della vita moderna hanno tutti contribuito a questa tendenza.

Ciò che preoccupa maggiormente i sociologi è l'impatto di questo fenomeno sulle competenze sociali delle nuove generazioni. I "nativi digitali" mostrano spesso difficoltà nel gestire interazioni faccia a faccia prolungate, nel leggere correttamente i segnali non verbali o nell'affrontare conflitti interpersonali senza la mediazione di uno schermo. L'ansia sociale, in particolare nelle situazioni di gruppo, sembra essere in aumento anche tra i più giovani.

Dal punto di vista evolutivo, è importante ricordare che il nostro cervello si è sviluppato per millenni in un contesto di interazioni dirette. Le sottili sfumature della comunicazione non verbale (uno sguardo, un cenno del capo, un cambiamento nel tono della voce) trasmettono informazioni cruciali che nessuna emoji o videocall può replicare completamente. Quando queste componenti vengono a mancare, si crea inevitabilmente un vuoto nella nostra esperienza relazionale.

Impatto della comunicazione mediata da schermi sulle relazioni umane

La mediazione degli schermi ha ridisegnato la geografia delle nostre relazioni in modi che stiamo solo iniziando a comprendere. Quando interagiamo attraverso i dispositivi digitali, le dinamiche comunicative subiscono alterazioni sottili ma sostanziali.

Un primo aspetto riguarda la sincronia dell'interazione. Le comunicazioni digitali, anche quelle apparentemente immediate come le chat, introducono micro-ritardi che interrompono il flusso naturale della conversazione. Questi intervalli temporali, per quanto minimi, alterano il ritmo dello scambio e riducono quella sensazione di "sintonia" che caratterizza le conversazioni faccia a faccia.

Un secondo elemento da considerare è la riduzione dei canali sensoriali. Nella comunicazione digitale, anche nella sua forma più ricca (videochiamate), perdiamo buona parte delle informazioni olfattive, tattili e prossemiche che arricchiscono l'esperienza dell'incontro fisico. Questo impoverimento sensoriale può contribuire a quella sensazione di "distanza" che spesso permane anche dopo lunghe conversazioni online.

Non meno importante è l'effetto di "disinibizione online" identificato dagli psicologi: protetti dallo schermo, tendiamo a dire e fare cose che difficilmente faremmo in presenza. Questo fenomeno ha risvolti sia positivi (maggiore apertura e condivisione di emozioni) sia negativi (comportamenti aggressivi, fenomeni di cyberbullismo).

Le relazioni romantiche meritano un'attenzione particolare in questo contesto. Il corteggiamento digitale, con le sue dinamiche di messaggi, like e condivisioni, ha introdotto nuove forme di intimità ma anche nuove ansie e incomprensioni. La "ghosting culture" (la pratica di interrompere bruscamente ogni comunicazione senza spiegazioni) rappresenta forse l'espressione più estrema della fragilità dei legami nell'era digitale.

Strategie per ricreare legami autentici in un mondo iperconnesso

Di fronte a queste sfide, diventa essenziale sviluppare strategie concrete per nutrire e mantenere relazioni autentiche nel nostro mondo iperconnesso. Non si tratta di demonizzare la tecnologia, ma piuttosto di utilizzarla con maggiore consapevolezza, integrandola in modo equilibrato nella nostra vita sociale.

Una prima strategia consiste nel praticare l'arte della presenza piena durante le interazioni. Quando incontriamo qualcuno, possiamo scegliere di mettere da parte i nostri dispositivi e dedicare alla persona la nostra attenzione indivisa. Questo semplice gesto, che un tempo era la norma, oggi rappresenta un vero e proprio atto di resistenza culturale.

Un secondo approccio riguarda la creazione di rituali di connessione regolari. Che si tratti di una cena settimanale con amici, di un club del libro mensile o di una passeggiata domenicale con un familiare, queste routine relazionali forniscono un'ancora di stabilità in un mondo caratterizzato da comunicazioni frammentarie e discontinue.

L'alfabetizzazione emotiva rappresenta un'altra area di intervento cruciale. La capacità di riconoscere, esprimere e gestire le proprie emozioni, e di rispondere adeguatamente a quelle altrui, costituisce la base di ogni relazione significativa. In un'epoca in cui le interazioni digitali tendono a appiattire la complessità emotiva, coltivare questa competenza diventa ancora più importante.

Non ultima è l'importanza di creare "zone senza tecnologia" nella propria vita quotidiana. Che si tratti della camera da letto, della tavola durante i pasti o di specifici momenti della giornata, questi spazi protetti permettono alle relazioni di respirare e svilupparsi senza l'interferenza costante delle notifiche e delle distrazioni digitali.

Sezione 2
Riscoprire il valore della presenza fisica

Il potere del contatto visivo e del linguaggio corporeo

Nell'era degli avatar digitali e delle identità virtuali, riscoprire il valore del contatto visivo e del linguaggio corporeo significa riaprire un tesoro di comunicazione che abbiamo paradossalmente dimenticato mentre eravamo intenti a inventare sempre nuovi modi per connetterci. Gli occhi, non a caso definiti "lo specchio dell'anima", rappresentano un canale di comunicazione di una potenza straordinaria.

Quando incrociamo lo sguardo di un'altra persona, si attiva nel nostro cervello un complesso sistema di neuroni specchio che ci permette di sintonizzarci con il suo stato emotivo. Questo scambio avviene in una frazione di secondo, a un livello largamente subconscio, ed è uno dei fondamenti della nostra capacità di empatia. Studi neuroscientifici hanno dimostrato che il contatto visivo prolungato stimola il rilascio di ossitocina, l'ormone associato all'attaccamento e alla fiducia, creando letteralmente un legame biochimico tra le persone.

Analogamente, il linguaggio del corpo costituisce una dimensione comunicativa ricchissima che spesso contraddice o arricchisce il messaggio verbale. Un lieve sollevamento delle sopracciglia, un irrigidimento delle spalle, un'inclinazione della testa: sono tutti segnali che il nostro cervello decodifica automaticamente, fornendoci informazioni preziose sull'autenticità di ciò che l'altro sta dicendo e sul suo reale stato emotivo.

Nell'interazione digitale, anche la più avanzata tecnologicamente, questa ricchezza comunicativa viene inevitabilmente ridotta. Persino nelle videochiamate ad alta definizione molti micro-segnali corporei vanno perduti, per non parlare delle limitazioni imposte dall'inquadratura, dai ritardi nella trasmissione e dalla qualità variabile della connessione.

Riscoprire consapevolmente il valore del contatto visivo e del linguaggio corporeo può rappresentare una vera e propria rivoluzione nelle nostre relazioni quotidiane. Significa tornare a comunicare con l'interezza del nostro essere, non solo con le parole che scegliamo, ma anche con il modo in cui occupiamo lo spazio, con la qualità della nostra presenza, con la capacità di essere veramente "lì" con l'altro.

Come organizzare incontri offline significativi

In un'epoca in cui gli incontri digitali sono diventati la norma, organizzare momenti di connessione offline richiede intenzionalità e creatività. Non si tratta semplicemente di trovarsi fisicamente nello stesso luogo, ma di creare le condizioni per un'interazione autentica e memorabile.

Il primo passo consiste nel riconoscere che la qualità dell'incontro dipende in gran parte dal contesto. Ambienti rumorosi, affollati o che incoraggiano l'uso del cellulare (come molti locali moderni) tendono a ostacolare più che favorire la connessione profonda. Al contrario, spazi che facilitano la conversazione faccia a faccia (dal salotto di casa a un parco tranquillo, da una piccola caffetteria a un sentiero di montagna) rappresentano cornici ideali per incontri significativi.

Altrettanto importante è la pianificazione dell'attività condivisa. Le esperienze che stimolano tutti i sensi (cucinare insieme, praticare uno sport, partecipare a un laboratorio creativo) tendono a creare legami più forti rispetto al semplice "prendersi un caffè". Questo perché l'attività condivisa non solo fornisce un terreno comune per la conversazione, ma crea anche ricordi emotivamente ricchi che cementano il legame.

La dimensione temporale gioca anch'essa un ruolo cruciale. Mentre le interazioni digitali tendono all'istantaneità e alla frammentazione, gli incontri offline significativi richiedono tempo per superare l'iniziale superficie, per entrare in sintonia, tempo per condividere pensieri e sentimenti profondi. Ritagliarsi finestre temporali adeguatamente ampie, senza la pressione costante di dovere essere altrove, diventa quindi una condizione essenziale.

Non ultimo, l'aspetto delle "regole di ingaggio" merita attenzione. Stabilire in anticipo alcune linee guida sulla presenza dei dispositivi digitali durante l'incontro può fare una grande differenza. Che si tratti di una "zona libera da telefoni" o di momenti dedicati esplicitamente alla disconnessione, queste piccole accortezze segnalano un'intenzione condivisa di essere pienamente presenti l'uno per l'altro.

Attività comunitarie che promuovono la coesione sociale

La dimensione comunitaria rappresenta un antidoto potente alla frammentazione sociale dell'era digitale. Le attività che riuniscono gruppi di persone attorno a obiettivi o interessi comuni non solo contrastano l'isolamento individuale, ma contribuiscono anche a ricostruire quel tessuto sociale che si sta progressivamente sfilacciando nelle società contemporanee.

I progetti di giardinaggio urbano rappresentano un esempio particolarmente efficace. Trasformare uno spazio abbandonato in un giardino comunitario non solo migliora l'ambiente fisico, ma crea anche un luogo d'incontro dove persone di diverse generazioni e background possono lavorare fianco a fianco, condividendo conoscenze e costruendo relazioni durature. Il contatto con la terra e il ciclo delle stagioni introduce inoltre un elemento di ritualità e continuità spesso assente nella vita digitale.

Analogamente, le cucine comunitarie, dove gruppi di persone si riuniscono per preparare e condividere pasti, combinano l'utilità pratica (risparmiare tempo e risorse) con il piacere della socialità. Il cibo, con la sua capacità di evocare memoria e identità culturale, diventa un potente mediatore di connessione umana, superando barriere linguistiche e culturali.

Le biblioteche di oggetti, dove si possono prendere in prestito attrezzi, elettrodomestici e altri beni di uso occasionale, rappresentano un altro esempio interessante. Oltre a promuovere la sostenibilità ambientale, questi spazi incoraggiano la condivisione di competenze e la riscoperta del valore della fiducia reciproca, contrastando la tendenza all'iper-individualismo del consumo digitale.

Non vanno dimenticate le attività artistiche collettive, dai cori ai gruppi teatrali, dai murales comunitari ai festival di strada. L'arte condivisa ha un potere unico di creare momenti di sincronizzazione emotiva tra i partecipanti, generando quel senso di appartenenza e connessione che gli psicologi chiamano "efflusso".

Ciò che accomuna tutte queste iniziative è la loro capacità di rispondere a bisogni umani fondamentali che la digitalizzazione, nonostante i suoi innegabili vantaggi, fatica a soddisfare pienamente: il bisogno di appartenenza, di contribuire a qualcosa più grande di noi, di essere riconosciuti nella nostra unicità all'interno di una comunità.

L'importanza di rituali familiari senza tecnologia

La famiglia, indipendentemente dalla sua composizione, rappresenta il primo e più importante laboratorio relazionale della nostra vita. È qui che apprendiamo, fin dall'infanzia, i modelli di connessione che tenderemo a replicare nelle relazioni future. In questo contesto l'introduzione di rituali familiari liberi dalla mediazione tecnologica assume un'importanza difficile da sopravvalutare.

I rituali, per loro natura, creano continuità e prevedibilità in un mondo caratterizzato dal cambiamento costante. Che si tratti della cena domenicale, della passeggiata del sabato mattina o della lettura serale prima di dormire, queste abitudini condivise forniscono un'ancora di stabilità emotiva tanto ai bambini quanto agli adulti.

L'assenza di dispositivi digitali durante questi momenti permette una qualità di presenza e attenzione altrimenti difficile da raggiungere. I genitori che mettono da parte i telefoni durante il tempo trascorso con i figli non solo offrono un modello comportamentale positivo, ma creano anche uno spazio emotivo dove i bambini si sentono veramente visti e ascoltati, un'esperienza fondamentale per lo sviluppo di un sano senso di sé.

I rituali non tecnologici favoriscono inoltre la trasmissione intergenerazionale di valori, storie e tradizioni familiari. Il momento in cui i nonni raccontano aneddoti della loro gioventù, o in cui si preparano insieme ricette tramandate di generazione in generazione, costituisce un ponte temporale che collega passato, presente e futuro, radicando i più giovani in una narrazione più ampia della propria storia familiare.

Non meno importante è la funzione dei rituali nel facilitare la comunicazione su temi complessi o emotivamente carichi. Molte famiglie scoprono che conversazioni difficili (su preoccupazioni scolastiche, cambiamenti nella dinamica familiare o questioni adolescenziali) emergono più naturalmente durante attività condivise senza schermi, quando l'attenzione non è frammentata e c'è spazio per il silenzio e la riflessione.

La sfida, naturalmente, non sta tanto nell'eliminare completamente la tecnologia dalla vita familiare – proposto irrealistico e probabilmente controproducente – quanto nell'identificare e proteggere specifici momenti e spazi dove la connessione diretta possa fiorire senza interferenze digitali.

Creare momenti di condivisione reale con amici e colleghi

L'ambiente lavorativo contemporaneo, con il suo mix di interazioni virtuali e fisiche, rappresenta una sfida particolare per la costruzione di relazioni autentiche. La crescente diffusione del telelavoro e delle collaborazioni a distanza ha certamente portato flessibilità e inclusività, ma ha anche reso più difficile la creazione di quei legami informali che tradizionalmente cementavano le comunità professionali.

In questo contesto, diventa particolarmente prezioso creare deliberatamente momenti di condivisione reale con i colleghi. Le pause caffè collettive, lungi dall'essere una perdita di tempo, rappresentano occasioni cruciali per lo sviluppo di quella fiducia reciproca che è alla base di ogni collaborazione efficace. Allo stesso modo, i pranzi condivisi, preferibilmente senza dispositivi elettronici, offrono uno spazio per conversazioni che possono spaziare oltre l'immediato contesto lavorativo, permettendo alle persone di riconoscersi nella loro multi-dimensionalità.

Le organizzazioni più lungimiranti stanno integrando nella loro cultura aziendale pratiche che favoriscono la connessione autentica, dalle riunioni periodiche faccia a faccia per team distribuiti, ai progetti di volontariato aziendale, fino alla creazione di spazi fisici progettati per incoraggiare l'interazione spontanea. Queste iniziative non solo migliorano il benessere dei dipendenti, ma hanno dimostrato di avere un impatto positivo anche sulla produttività e sull'innovazione.

Sul fronte delle amicizie, l'era digitale ha reso più facile mantenere i contatti, ma paradossalmente più difficile approfondire i legami. Molte persone riferiscono di avere centinaia di "amici" sui social media, ma pochi confidenti reali con cui poter condividere gioie e difficoltà. Invertire questa tendenza richiede un investimento consapevole di tempo ed energia.

Le "date di amicizia", appuntamenti regolari dedicati esplicitamente a nutrire il legame con un amico specifico, stanno emergendo come pratica preziosa in questo senso. Che si tratti di una camminata mensile, di un progetto creativo condiviso o semplicemente di una serata di conversazione profonda, questi momenti permettono di andare oltre l'aggiornamento superficiale tipico delle interazioni sui social media.

Non meno significativi sono i rituali di gruppo che riuniscono cerchie più ampie di amici. Dalle cene a rotazione nelle case dei partecipanti, ai weekend annuali fuori città, fino alle celebrazioni di momenti significativi della vita di ciascuno, questi eventi creano un senso di continuità e appartenenza in un'epoca caratterizzata dalla fluidità e dalla frammentazione dei legami sociali.

Sezione 3
Costruire una cultura di pausa digitale

Come promuovere una cultura collettiva di disconnessione

La sfida della disconnessione non può essere affrontata esclusivamente a livello individuale. Per quanto importanti siano le scelte personali riguardo all'uso della tecnologia, è innegabile che viviamo immersi in un ecosistema socio-culturale che spinge costantemente verso la connessione permanente. Modificare questa dinamica richiede un approccio collettivo, capace di trasformare norme sociali profondamente radicate.

Un primo passo fondamentale consiste nel ripensare le aspettative legate alla reperibilità costante. L'idea che si debba essere sempre raggiungibili e pronti a rispondere istantaneamente a messaggi e email è relativamente recente nella storia umana, eppure si è affermata con una forza tale da sembrare quasi una legge naturale. Sfidare questa aspettativa (comunicando chiaramente i propri "orari di disconnessione", rispettando quelli altrui e valorizzando la riflessione ponderata rispetto alla reazione immediata), può contribuire a creare un nuovo standard sociale più sostenibile.

Le organizzazioni giocano un ruolo cruciale in questo processo. Aziende all'avanguardia stanno iniziando a implementare politiche che limitano le comunicazioni di lavoro fuori orario, introducono "giorni senza email" o incoraggiano le vacanze completamente offline. Queste iniziative, oltre a proteggere il benessere dei dipendenti, inviano un potente messaggio culturale sull'importanza del tempo disconnesso.

A livello comunitario la creazione di spazi pubblici deliberatamente liberi dalla tecnologia rappresenta un altro importante vettore di cambiamento. Biblioteche, parchi, centri ricreativi o caffè che limitano l'accesso al Wi-Fi o designano specifiche "zone senza schermi" offrono alternative concrete alla connessione perpetua, normalizzando l'idea che esistano contesti in cui la presenza digitale non è né necessaria né desiderabile.

Non ultimo, il linguaggio che utilizziamo per parlare della disconnessione ha un impatto significativo sulla percezione collettiva. Riformulare il tempo offline non necessariamente come privazione ("digital detox") ma come arricchimento ("digital wellbeing" o "tech-life balance") può aiutare a trasformare la narrazione dominante, presentando la pausa digitale come una scelta positiva piuttosto che come una rinuncia.

Il cambiamento culturale è inevitabilmente graduale, ma la crescente consapevolezza dei costi personali e sociali della iperconnessione sta già creando le condizioni per una rivalutazione collettiva del nostro rapporto con la tecnologia digitale.

Iniziative locali e globali per incoraggiare il benessere digitale

Il movimento per il benessere digitale sta guadagnando terreno a livello mondiale, manifestandosi attraverso una molteplicità di iniziative che spaziano dalla dimensione locale a quella globale.

A livello locale numerose comunità stanno sperimentando eventi come le "Cene Disconnesse", dove i partecipanti consegnano volontariamente i propri dispositivi all'ingresso per godere di un pasto completamente presente, o i "Digital Sabbath" collettivi, giorni in cui interi quartieri o gruppi scelgono di spegnere i dispositivi non essenziali per riscoprire modi alternativi di trascorrere il tempo.

Le "Free Range Libraries" (biblioteche che, oltre ai libri, offrono spazi di socializzazione non mediati dalla tecnologia) stanno emergendo come importanti centri di aggregazione comunitaria. Questi luoghi, spesso arricchiti da programmi di lettura condivisa, laboratori creativi o semplicemente aree confortevoli per la conversazione, rappresentano oasi di connessione umana diretta in un paesaggio urbano sempre più dominato dagli schermi.

Sul fronte educativo, i "Tech-Free Summer Camps" (campi estivi che bandiscono completamente smartphone e dispositivi elettronici) stanno registrando un aumento di popolarità, offrendo ai giovani l'opportunità di sperimentare l'immersione nella natura e nelle relazioni dirette senza la mediazione digitale. Molti genitori riportano cambiamenti significativi nei loro figli dopo queste esperienze, dall'aumento della creatività a una maggiore capacità di gestire noia e frustrazione.

A livello nazionale e internazionale iniziative come il "National Day of Unplugging" negli Stati Uniti o la "Journée sans écrans" in Francia stanno guadagnando visibilità mediatica e partecipazione, creando una conversazione pubblica sui benefici della disconnessione periodica.

Particolarmente significativo è il movimento dello "Slow Tech", ispirato alla filosofia del Slow Food, che promuove un approccio più consapevole e meno compulsivo all'uso della tecnologia. Attraverso workshop, pubblicazioni e comunità online (ironicamente...), questo movimento sta diffondendo pratiche e principi per un rapporto più equilibrato con il digitale.

Anche il settore privato sta iniziando a riconoscere l'importanza del benessere digitale. Aziende tecnologiche all'avanguardia stanno introducendo funzionalità di "design etico" nelle loro piattaforme, dalle opzioni per limitare il tempo di utilizzo ai promemoria per fare pause regolari, fino ai filtri che riducono la dipendenza dalle notifiche. Sebbene queste iniziative siano ancora limitate rispetto alla potenza dei meccanismi che promuovono l'engagement continuo, rappresentano comunque un segnale importante di una crescente consapevolezza del problema.

Ruolo delle istituzioni e delle scuole nell'educazione alla pausa digitale

Le istituzioni educative si trovano in una posizione privilegiata per influenzare le abitudini digitali delle nuove generazioni, non solo perché hanno accesso ai giovani durante gli anni formativi, ma anche perché rappresentano uno dei pochi contesti in cui è ancora possibile implementare politiche collettive sull'uso della tecnologia.

Un numero crescente di scuole sta adottando approcci innovativi per promuovere un equilibrio digitale sano. Alcune hanno introdotto il concetto di "digital nutrition" nel curriculum, insegnando agli studenti a distinguere tra "diete digitali" nutritive e quelle povere di valore, proprio come si fa con il cibo. Altre hanno implementato "pause tecnologiche" strutturate durante la giornata scolastica, creando spazi temporali in cui tutti, studenti e insegnanti, si impegnano in attività completamente analogiche.

Particolarmente interessanti sono i programmi che coinvolgono attivamente gli studenti nella definizione delle politiche digitali della scuola. Quando i giovani partecipano alla discussione sui limiti e le possibilità della tecnologia, sviluppano un senso di agency e responsabilità che va ben oltre la semplice adesione a regole imposte dall'alto.

Sul fronte universitario, alcune istituzioni stanno sperimentando con "corsi disconnessi", esperienze didattiche che si svolgono deliberatamente senza l'uso di dispositivi digitali. Questi corsi, che spaziano dalla filosofia alla scrittura creativa, dalle scienze ambientali all'arte, offrono agli studenti l'opportunità di sperimentare modalità di apprendimento profondo difficilmente accessibili nel contesto della distrazione digitale continua.

A livello di politiche pubbliche, paesi come la Francia e la Corea del Sud hanno implementato regolamentazioni che limitano la comunicazione di lavoro fuori orario, riconoscendo il "diritto alla disconnessione" come componente essenziale del benessere dei lavoratori. Analogamente alcune municipalità stanno creando "zone di silenzio digitale" in spazi pubblici come parchi e biblioteche, segnalando così l'importanza di preservare aree di quiete nell'ecosistema urbano.

Le istituzioni culturali – musei, teatri, centri artistici – stanno anch'esse giocando un ruolo significativo, sperimentando con esposizioni, performance e workshop specificamente progettati per favorire l'immersione e la presenza piena, contrastando la tendenza all'attenzione frammentata tipica dell'era digitale.

Ciò che accomuna queste diverse iniziative è il riconoscimento che l'educazione alla pausa digitale non riguarda semplicemente la riduzione del tempo trascorso davanti agli schermi, ma piuttosto lo sviluppo di una capacità critica di navigare consapevolmente tra modalità connesse e disconnesse, scegliendo in ogni contesto l'approccio più adatto ai propri obiettivi e valori.

Campagne di sensibilizzazione sui rischi dello stress digitale

Le campagne di sensibilizzazione su questa tematica stanno assumendo forme diverse e innovative. Alcune si concentrano sulla visualizzazione dell'impatto fisico dello stress digitale, utilizzando termografie che mostrano l'aumento della temperatura corporea durante sessioni prolungate al computer, o simulazioni di come potrebbero apparire i nostri corpi dopo decenni di postura da smartphone (il cosiddetto "tech neck"). Queste immagini, spesso volutamente provocatorie, hanno il merito di rendere visibile e concreto un problema altrimenti astratto.

Altre iniziative adottano un approccio più esperienziale, invitando le persone a partecipare a "sfide di disconnessione" di durata variabile, dal "Digital Shabbat" settimanale di 24 ore fino ai più impegnativi "Tech-Free Month". I partecipanti vengono incoraggiati a documentare i cambiamenti percepiti nel proprio benessere fisico e mentale, creando così un corpus di testimonianze personali che spesso risultano più convincenti di qualsiasi statistica.

Il settore sanitario sta giocando un ruolo sempre più attivo in questo ambito: associazioni mediche in vari paesi hanno iniziato a pubblicare linee guida sull'uso sano della tecnologia, mentre alcuni studi medici stanno integrando nella routine dei check-up domande specifiche sulle abitudini digitali dei pazienti, segnalando così l'importanza di questo fattore per la salute generale.

Particolarmente innovative sono le campagne che utilizzano proprio i canali digitali per promuovere la consapevolezza sui rischi dello stress tecnologico. App che monitorano e visualizzano il tempo trascorso sui dispositivi, estensioni per browser che periodicamente ricordano di fare pause, o podcast dedicati al digital wellbeing rappresentano esempi di come la tecnologia possa essere utilizzata riflessivamente per mitigare i propri effetti negativi.

Un filone emergente di sensibilizzazione riguarda l'impatto ambientale dell'industria digitale. Evidenziare il consumo energetico dei data center, l'impronta ecologica della produzione di dispositivi elettronici o l'accumulo di rifiuti tecnologici permette di ampliare il discorso oltre la dimensione individuale, collegando le scelte personali di consumo digitale a questioni globali come il cambiamento climatico.

Ciò che accomuna le campagne più efficaci è la capacità di evitare sia l'allarmismo apocalittico sia la banalizzazione del problema, proponendo invece una narrazione equilibrata che riconosce i benefici innegabili della tecnologia digitale, pur mettendo in guardia contro i rischi di un uso eccessivo o inconsapevole.

Modelli di comunità che vivono con meno tecnologia

Nel panorama contemporaneo dominato dall'iper-connessione, esistono interessanti controcorrenti rappresentate da comunità che hanno scelto consapevolmente di limitare il ruolo della tecnologia digitale nella loro vita quotidiana. Questi gruppi, lungi dall'essere semplici sacche di resistenza nostalgica, offrono laboratori viventi dove si sperimentano modalità alternative di organizzazione sociale e relazionale.

Le comunità Amish rappresentano forse l'esempio più noto di selettività tecnologica. Contrariamente all'idea comune che rifiutino completamente la modernità, gli Amish adottano un processo comunitario di valutazione per decidere quali tecnologie integrare, basandosi sul criterio fondamentale del loro impatto sui legami familiari e comunitari. Questo approccio, definito "adozione riflessiva", offre un interessante contrasto con l'integrazione spesso acritica della tecnologia nella società mainstream.

Meno conosciute ma altrettanto significative sono le "intentional communities" che, pur non rifiutando completamente la tecnologia digitale, stabiliscono regole collettive per il suo utilizzo. Alcuni eco-villaggi, ad esempio, limitano l'accesso a internet a specifici spazi comunitari e fasce orarie, creando così un ambiente dove l'interazione diretta rimane la modalità primaria di comunicazione e decisione collettiva.

Il movimento "cohousing tech-conscious" sta guadagnando terreno in vari paesi occidentali. Queste comunità residenziali, spesso situate in contesti urbani o peri-urbani, combinano abitazioni private con spazi comuni estesi, e integrano nelle loro linee guida accordi espliciti sull'uso della tecnologia, dalle "zone senza wi-fi" negli spazi condivisi, alle "ore di silenzio digitale" serali, fino all'organizzazione collettiva della cura dei bambini per garantire tempo di gioco non mediato dalla tecnologia.

Alcune comunità educative alternative, come le scuole Waldorf/Steiner, hanno a lungo mantenuto un approccio cauto verso la tecnologia digitale, enfatizzando invece l'apprendimento esperienziale, l'espressione artistica e il contatto con la natura. I risultati di questo approccio sono oggetto di crescente interesse da parte di ricercatori e policy makers, soprattutto alla luce delle preoccupazioni emergenti sull'impatto degli schermi sullo sviluppo cognitivo ed emotivo dei bambini.

Non meno interessanti sono le esperienze temporanee di comunità a bassa tecnologia, come i festival "analog" dove i partecipanti consegnano volontariamente i propri dispositivi all'ingresso, o i retreats di meditazione che impongono il silenzio digitale per la durata dell'esperienza. Questi esperimenti limitati nel tempo offrono alle persone l'opportunità di sperimentare modalità alternative di connessione umana senza richiedere un impegno di vita permanente.

Ciò che emerge dall'osservazione di queste diverse esperienze non è tanto un rifiuto in blocco della tecnologia, quanto piuttosto la ricerca di un rapporto più consapevole e intenzionale con essa, un rapporto in cui gli strumenti digitali vengono subordinati ai valori fondamentali della comunità, anziché determinarli implicitamente.

In un'epoca di crescente preoccupazione per le conseguenze sociali ed ecologiche dell'accelerazione tecnologica, queste comunità offrono spunti preziosi per immaginare futuri alternativi dove il progresso non si misura necessariamente in termini di complessità tecnologica, ma piuttosto di qualità delle relazioni umane e di sostenibilità ambientale.

La sfida che ci troviamo ad affrontare come società non è tanto quella di scegliere tra connessione digitale e relazioni fisiche, quanto piuttosto quella di trovare un equilibrio saggio tra queste dimensioni complementari della nostra esperienza. La tecnologia, con tutte le sue meraviglie e le sue insidie, rappresenta uno strumento potentissimo, ma rimane pur sempre uno strumento al servizio dei nostri valori e delle nostre aspirazioni più profonde.

In un mondo dove l'attenzione è diventata forse la risorsa più preziosa, scegliere consapevolmente dove e come dirigerla diventa un atto non solo di cura personale, ma anche di resistenza culturale. Ritrovare spazi e tempi di presenza piena (con noi stessi, con gli altri, con il mondo naturale) non significa rinnegare i benefici innegabili dell'era digitale, ma piuttosto arricchirla con quella dimensione di embodiment e immediatezza che rimane al cuore dell'esperienza umana.

Il cammino verso questo equilibrio non sarà né lineare né uniforme: diverse persone, comunità e culture troveranno punti di equilibrio differenti in base alle loro circostanze e priorità. Ma è proprio in questa diversità di approcci che risiede la nostra migliore speranza di costruire un futuro dove la tecnologia amplifichi, anziché sostituire, ciò che di più prezioso esiste nel nostro essere umani insieme.

Capitolo 6
Tecnologia e
identità personale

In un'epoca in cui la tecnologia si intreccia inestricabilmente con ogni aspetto della nostra esistenza, diventa fondamentale interrogarsi su come questa relazione plasmi la nostra identità. Non siamo più semplicemente esseri che utilizzano strumenti digitali, siamo diventati ibridi, la cui essenza si manifesta tanto negli spazi fisici quanto in quelli virtuali. Questo capitolo esplora le complesse dinamiche tra tecnologia e identità personale, analizzando come i dispositivi che teniamo in mano ogni giorno non siano semplici oggetti, ma potenti forze capaci di rimodellare chi siamo e come ci percepiamo.

La ricerca di autenticità nell'era digitale rappresenta forse una delle sfide più profonde della contemporaneità. Mentre la tecnologia ci offre possibilità senza precedenti di espressione e connessione, paradossalmente rischia di allontanarci dalla nostra essenza più genuina. Come possiamo navigare questo paradosso? Come possiamo utilizzare gli strumenti digitali senza perdere di vista chi siamo veramente?

Nelle prossime pagine esploreremo non solo le problematiche che emergono dall'intersezione tra tecnologia e identità, ma anche strategie concrete per riappropriarci del nostro autentico sé. Analizzeremo come ricostruire una fiducia in noi stessi che non dipenda dal numero di "mi piace" e come vivere con maggiore intenzionalità in un mondo progettato per catturare costantemente la nostra attenzione.

Sezione 1
L'influenza della tecnologia sull'autenticità

Come i social media modellano la percezione di sé

"Chi sono io?". Questa domanda esistenziale, antica quanto l'umanità stessa, assume oggi sfumature completamente nuove. I social media non sono semplici piattaforme dove condividiamo contenuti, sono diventati specchi attraverso i quali ci osserviamo e ci definiamo. Ogni notifica, ogni interazione digitale, contribuisce a plasmare l'immagine che abbiamo di noi stessi.

Quando pubblichiamo una foto o condividiamo un pensiero, non stiamo semplicemente comunicando, stiamo costruendo una narrativa di chi siamo. E la risposta che riceviamo (quei "mi piace", quei commenti, quelle condivisioni) diventa la misura del nostro valore. È come se avessimo esternalizzato parti significative della nostra autostima, affidandole agli algoritmi e alle reazioni altrui.

La psicologa Sherry Turkle lo definisce "effetto specchio performativo": i social media ci spingono a osservarci continuamente dall'esterno, valutandoci non in base a come ci sentiamo, ma a come appariamo agli altri.

Questo sguardo esterno interiorizzato può gradualmente erodere la nostra capacità di connetterci con i nostri autentici desideri e valori.

E c'è di più: gli algoritmi che governano i social media premiano determinati tipi di contenuti e comportamenti, incentivandoci sottilmente a conformarci a ciò che genera più engagement. Ci ritroviamo così a modificare non solo ciò che condividiamo, ma anche ciò che facciamo nella vita reale, in funzione di come apparirà online.

Il fenomeno della "curated life" e il suo impatto psicologico

Hai mai notato come sui social media sembri che tutti vivano vite perfette? Vacanze mozzafiato, cene eleganti, momenti di felicità familiare idilliaca... Questa è la "curated life", la vita accuratamente selezionata e presentata: mostriamo solo i momenti migliori, nascondendo le difficoltà, le banalità e le imperfezioni che costituiscono la maggior parte dell'esistenza umana.

Il paradosso è evidente: sappiamo razionalmente che nessuno vive una vita perfetta, eppure continuiamo a confrontare il dietro le quinte della nostra esistenza con i momenti salienti degli altri. Il risultato? Un senso persistente di inadeguatezza, la sensazione che la nostra vita ordinaria non sia abbastanza speciale, abbastanza degna di essere vissuta.

Gli studi mostrano che questo confronto costante può portare a quello che gli psicologi chiamano "paradosso della connettività": più tempo passiamo sui social media, più ci sentiamo soli e disconnessi. La curated life genera aspettative irrealistiche su come dovrebbe essere la nostra esistenza, alimentando insoddisfazione cronica e ansia sociale.

Particolarmente colpiti sono i giovani adulti, che attraversano fasi critiche di formazione dell'identità. Una ricerca condotta dall'Università di Pennsylvania ha rilevato che limitare l'uso dei social media a 30 minuti al giorno ha ridotto significativamente i livelli di solitudine e depressione nei partecipanti. Non si tratta di demonizzare la tecnologia, ma di riconoscere il suo profondo impatto psicologico.

Differenza tra identità digitale e identità reale

Si parla spesso di "vita online" e "vita offline" come se fossero due entità separate, ma la realtà è più complessa. L'identità digitale e quella reale non sono compartimenti stagni, si influenzano reciprocamente in un continuo dialogo; eppure esistono differenze fondamentali nel modo in cui queste identità si manifestano e si sviluppano.

L'identità digitale tende ad essere più curata, più controllata. Online possiamo decidere esattamente cosa mostrare di noi stessi, filtrando attentamente ogni contenuto. Possiamo persino sperimentare diverse versioni di noi, assumendo personalità o interessi che nella vita reale non perseguiremmo.

L'identità reale, al contrario, è più spontanea, più vulnerabile alle imperfezioni e alle contraddizioni che ci rendono autenticamente umani. Include quegli aspetti di noi che difficilmente trovano spazio nelle piattaforme digitali: i momenti di noia, le piccole gioie quotidiane, i dubbi esistenziali che non si traducono facilmente in post accattivanti.

La discrepanza tra queste due identità può generare ciò che gli psicologi chiamano "dissonanza cognitiva": una tensione psicologica che sorge quando le nostre azioni online non rispecchiano i nostri valori o il nostro autentico modo di essere. Più aumenta questa discrepanza, più rischiamo di perdere il contatto con chi siamo veramente.

Come osserva il filosofo Byung-Chul Han, "Nell'era digitale, la vita diventa una questione di rappresentazione piuttosto che di esperienza". Il rischio è che iniziamo a vivere per documentare, invece di documentare ciò che viviamo.

Strategie per ritrovare la propria autenticità offline

In un mondo che ci spinge costantemente verso una versione filtrata di noi stessi, come possiamo ritrovare la nostra autenticità? La risposta non sta necessariamente nell'abbandonare completamente la tecnologia, ma nel ricreare spazi e momenti di genuina connessione con noi stessi.

Inizia con l'osservazione consapevole: monitora come ti senti prima, durante e dopo l'uso dei social media. Quali piattaforme ti lasciano energizzato e quali prosciugato? Quali interazioni digitali arricchiscono la tua vita e quali sembrano sottrarle valore? Questa consapevolezza è il primo passo verso un uso più intenzionale della tecnologia.

Praticare la presenza è fondamentale. Dedica momenti della giornata all'esperienza diretta, non mediata da schermi. Potrebbe trattarsi di una passeggiata senza smartphone, di un pasto consumato senza distrazioni digitali, o semplicemente di momenti di contemplazione. Queste esperienze di immersione sensoriale ci riconnettono con la realtà tangibile che i pixel non possono replicare.

Riscopri il valore del diario personale privato, non destinato alla condivisione. A differenza dei post sui social media, scrivere per sé stessi permette un'espressione più autentica, libera dalla preoccupazione di come verrà percepita dagli altri. È uno spazio dove possiamo esplorare pensieri contraddittori, dubbi e vulnerabilità che raramente troverebbero posto online.

Coltiva relazioni di profondità anziché di ampiezza: piuttosto che mantenere centinaia di connessioni superficiali, investi tempo ed energie in rapporti significativi dove puoi esprimerti autenticamente, con tutte le tue imperfezioni. Le conversazioni faccia a faccia, con la loro ricchezza di linguaggio non verbale, offrono una qualità di connessione che nessuna chat può eguagliare.

L'importanza di staccare per riconnettersi con i propri valori

Il "digital detox" è diventato un termine di moda, ma oltre la tendenza c'è una verità profonda: abbiamo bisogno di momenti di disconnessione per riconnetterci con i nostri valori fondamentali. Quando siamo costantemente immersi nel flusso di informazioni e stimoli digitali, diventa difficile ascoltare la nostra voce interiore.

Staccare non significa necessariamente sparire per settimane in un ritiro nella natura (sebbene possa essere un'esperienza trasformativa). Si può iniziare con piccoli rituali quotidiani: le prime e le ultime ore della giornata libere da dispositivi, weekend occasionali offline, o spazi fisici della casa designati come "zone tech-free".

Durante questi momenti di disconnessione, dedicati a riflettere sui tuoi valori profondi. Cosa conta veramente per te? Quali sono le relazioni, le attività, gli ideali che danno significato alla tua esistenza? Spesso scopriamo che molti dei nostri valori fondamentali (connessione autentica, creatività, crescita personale) prosperano proprio negli spazi di quiete digitale.

Un esercizio particolarmente potente è quello di immaginare la tua vita tra dieci anni e chiederti: "Quali sono le esperienze che ricorderò con gratitudine? Quali sono i momenti che avranno davvero contato?" Raramente queste riflessioni riguardano il tempo trascorso scrollando feed infiniti.

Come ha osservato Cal Newport nel suo libro "Digital Minimalism", "Non *si tratta di rifiutare l'innovazione o di diventare luddisti, ma di riappropriarsi della propria autonomia e di utilizzare la tecnologia come strumento per una vita più significativa, non come fine in sé.*"

Sezione 2
Ricostruire la fiducia in sé stessi

Superare la dipendenza da approvazione online

La notifica che segnala un nuovo "mi piace" attiva lo stesso circuito della dopamina che viene stimolato da altre forme di gratificazione immediata. Non sorprende, quindi, che molti di noi abbiano sviluppato una vera e propria dipendenza dall'approvazione online. Controlliamo ossessivamente le reazioni ai nostri post, modificando gradualmente il nostro comportamento, sia online che offline, per massimizzare questa forma di validazione esterna.

Il primo passo per superare questa dipendenza è riconoscerla. Osserva onestamente quanto il tuo umore e la tua autostima fluttuano in base alle reazioni che ricevi online. Ti senti deflazionato quando un post riceve meno attenzione del previsto? Ti ritrovi a scattare più foto di un momento per trovare quella "perfetta" invece di vivere pienamente l'esperienza?

Una strategia efficace è quella di implementare gradualmente periodi di "astinenza da feedback". Prova a pubblicare contenuti e poi a disattivare le notifiche, o persino a non controllare le reazioni per 24 ore. All'inizio potrebbe sembrare difficile, ma con il tempo questa pratica ti aiuterà a dissociare il valore di un'esperienza o di un'espressione creativa dalla sua ricezione online.

È utile anche sviluppare fonti alternative di validazione. Coltiva hobby e interessi che ti offrano un senso di competenza e soddisfazione intrinseca, indipendente dal riconoscimento esterno. Che si tratti di giardinaggio, scrittura creativa, escursionismo o qualsiasi altra attività, l'obiettivo è riconnettersi con il piacere dell'esperienza in sé, non con la sua documentazione o condivisione.

Come osserva la psicologa Susan David: "*L'approvazione è come una droga: più ne ottieni, più ne hai bisogno. La vera libertà emotiva arriva quando impariamo a generare il nostro senso di valore dall'interno."*

Tecniche per ridurre il confronto sociale digitale

Il confronto sociale è un istinto umano profondamente radicato, ma i social media lo hanno amplificato a livelli senza precedenti. Ora possiamo confrontarci non solo con le persone del nostro ambiente immediato, ma potenzialmente con miliardi di individui in tutto il mondo, spesso vedendo solo le versioni più curate e invidiate delle loro vite.

Una tecnica efficace per contrastare questa tendenza è quella di praticare il "feed mindful". Analizza criticamente i contenuti che consumi quotidianamente: ti fanno sentire ispirato e connesso o inadeguato e invidioso? Non esitare a smettere di seguire account che innescano sentimenti negativi, anche se appartengono a persone che conosci nella vita reale.

Un'altra strategia è quella di utilizzare il "confronto temporale" invece del confronto sociale. Anziché paragonarti agli altri, confrontati con te stesso nel passato. Celebra i tuoi progressi e la tua crescita personale, riconoscendo il percorso unico che hai intrapreso.

Praticare la gratitudine rappresenta un potente antidoto all'invidia stimolata dai social media. Dedica qualche minuto ogni giorno a riflettere su ciò che già hai e apprezzi nella tua vita. Questa pratica regolare può gradualmente riorientare la tua attenzione dalle mancanze percepite all'abbondanza presente.

Ricorda che ciò che vedi online è solo una frazione selezionata della realtà. Come ha detto magistralmente il sociologo Erving Goffman ben prima dell'avvento dei social media: *"Tutti recitano sui palcoscenici della vita quotidiana"*. Questa consapevolezza può aiutarti a guardare con maggiore scetticismo le rappresentazioni apparentemente perfette che incontri online.

Come coltivare autostima indipendente dalla tecnologia

L'autostima autentica si costruisce attraverso esperienze concrete di competenza, connessione e autonomia, non attraverso metriche digitali. Per sviluppare una base solida di fiducia in te stesso, è essenziale diversificare le fonti da cui derivi il tuo senso di valore.

Impegnati in attività che presentano il giusto livello di sfida. Quando superiamo ostacoli e sviluppiamo nuove competenze, costruiamo naturalmente fiducia nelle nostre capacità. Che si tratti di imparare uno strumento musicale, praticare uno sport o perfezionare una ricetta, il processo di miglioramento graduale rafforza la nostra auto-efficacia.

Coltiva relazioni di qualità nel mondo reale. Gli studi dimostrano che il sostegno sociale autentico è uno dei predittori più potenti del benessere psicologico. Circondati di persone che ti vedono e ti apprezzano nella tua interezza, non solo per l'immagine che progetti online.

Pratica l'auto-compassione. L'autostima sana non significa sempre sentirsi perfetti o competenti, ma trattarsi con gentilezza anche nei momenti di fallimento o vulnerabilità. Come insegna la psicologa Kristin Neff, l'autocompassione comprende tre elementi: gentilezza verso sé stessi, riconoscimento della comune umanità (tutti commettiamo errori), e mindfulness (osservare i propri pensieri e sentimenti senza giudicarli).

Esplora pratiche contemplative come la meditazione o la mindfulness. Queste discipline ci aiutano a sviluppare la capacità di osservare i nostri pensieri e sentimenti senza identificarci completamente con essi. Con il tempo, questa consapevolezza può liberarci dal bisogno costante di validazione esterna.

Il ruolo della gratificazione intrinseca nel benessere personale

La nostra economia dell'attenzione è progettata per

massimizzare le gratificazioni estrinseche: like, follower, visualizzazioni, commenti. Questi incentivi esterni possono motivarci temporaneamente, ma raramente producono soddisfazione duratura. La ricerca psicologica dimostra consistentemente che il benessere sostenibile deriva principalmente da fonti intrinseche di gratificazione.

La gratificazione intrinseca emerge quando facciamo qualcosa per il piacere inerente all'attività stessa, non per una ricompensa esterna. Può trattarsi dell'immersione in un libro avvincente, della creazione artistica, di una conversazione profonda, o semplicemente di un momento di contemplazione della bellezza naturale.

Per riconnetterti con queste fonti di gratificazione intrinseca prova a ricordare le attività che ti assorbivano completamente da bambino, prima che la tecnologia digitale occupasse tanto spazio. Spesso queste passioni giovanili contengono indizi su ciò che ti gratifica autenticamente.

Pratica lo stato di "flow", quella condizione psicologica descritta dallo psicologo Mihaly Csikszentmihalyi in cui siamo così completamente assorbiti in un'attività da perdere il senso del tempo e dell'auto-consapevolezza. Il flow si verifica quando affrontiamo sfide che corrispondono perfettamente alle nostre capacità, né troppo facili (che portano a noia) né troppo difficili (che generano ansia).

Riscopri il valore del gioco senza scopo. Nell'era della produttività e dell'ottimizzazione costante, abbiamo perso contatto con l'importanza del gioco fine a sé stesso. Eppure, le attività ludiche non finalizzate, sono potenti generatori di benessere, creatività e resilienza.

Esercizi pratici per rafforzare la fiducia in sé stessi

Integrare nuove abitudini nella quotidianità è il modo più efficace per trasformare gradualmente il nostro rapporto con la tecnologia e con noi stessi. Ecco alcuni esercizi concreti che puoi iniziare a praticare fin da subito.

Il diario delle competenze: ogni sera, annota tre cose che hai fatto bene durante la giornata, indipendentemente da quanto piccole possano sembrare. Questa pratica ti aiuta a riconoscere e celebrare le tue capacità, costruendo gradualmente un archivio di evidenze della tua competenza.

La sfida del "no like": per una settimana, pubblica contenuti sui social media disattivando le notifiche e impegnandoti a non controllare le reazioni per almeno 24 ore. Osserva come questa distanza influisce sulla tua relazione con ciò che condividi.

L'inventario dei valori: dedica del tempo a identificare i tuoi 5-7 valori fondamentali (es. creatività, connessione, apprendimento, autenticità). Per ogni valore elenca poi 2-3 attività concrete che ti permettono di esprimerlo nella tua vita quotidiana, preferibilmente in contesti non digitali.

La meditazione dell'auto-compassione: pratica regolarmente questo breve esercizio. Metti una mano sul cuore e ripeti mentalmente: "Posso offrire gentilezza a me stesso in questo momento. Tutti attraversano difficoltà, fa parte dell'esperienza umana. Posso accettare questo momento così com'è, senza giudicarlo."

Il circolo di fiducia: identifica 3-5 persone nella tua vita che ti conoscono autenticamente e ti apprezzano per chi sei veramente. Impegnati a trascorrere tempo di qualità con loro regolarmente, preferibilmente in contesti privi di distrazioni digitali.

La lettera dal futuro: scrivi una lettera a te stesso dal tuo io futuro, tra dieci anni. Cosa apprezzerà di più del modo in cui stai vivendo la tua vita oggi? Quali scelte sarai felice di aver fatto? Quali rimpianti vorresti evitare?

Sezione 3
Vivere con intenzionalità

Definire priorità chiare al di fuori del mondo digitale

Vivere con intenzionalità significa, fondamentalmente, allineare le nostre azioni quotidiane con ciò che consideriamo veramente importante. In un'epoca in cui la tecnologia compete aggressivamente per la nostra attenzione, definire priorità chiare diventa un atto quasi rivoluzionario.

Inizia con un esercizio di visione: immagina di essere al termine della tua vita e di guardarti indietro. Quali sono le esperienze, le relazioni, i contributi che vorrai aver coltivato? Quali sono i valori che speri abbiano guidato le tue scelte? Questa prospettiva di "fine vita" può aiutarti a distinguere ciò che è veramente significativo dalle distrazioni transitorie.

Una tecnica efficace è quella di identificare le tue "pietre grandi", quelle 3/5 aree della vita a cui desideri dedicare la maggior parte delle tue risorse di tempo ed energia. Potrebbero includere relazioni familiari, sviluppo professionale, salute fisica e mentale, espressione creativa, o contributo alla comunità. Assicurati che queste priorità siano definite in termini concreti e personali, non come astrazioni o in base a ciò che "dovresti" valorizzare.

Crea rituali quotidiani che onorino queste priorità. Prima di accendere dispositivi o controllare notifiche al mattino, dedica tempo alle tue "pietre grandi". Potrebbe trattarsi di una conversazione a colazione con il partner, di una sessione di esercizio fisico, o di un'ora dedicata a un progetto creativo personale.

Ricorda che dire "sì" a una cosa significa inevitabilmente dire "no" a molte altre. Come sottolinea Greg McKeown nel suo libro "Essentialism": "*Se non prioritizzi la tua vita, qualcun altro lo farà per te*" – e nell'era digitale, quel "qualcun altro", è spesso rappresentato da algoritmi progettati per massimizzare il tuo tempo di permanenza sulle piattaforme.

Come pianificare obiettivi di vita che trascendono la tecnologia

Gli obiettivi più significativi spesso coinvolgono esperienze ed emozioni che non possono essere pienamente catturate o facilitate dalla tecnologia. Per definire obiettivi autenticamente allineati con i tuoi valori profondi, considera queste strategie.

Distingui tra obiettivi di "essere" e obiettivi di "fare". Gli obiettivi di "fare" riguardano risultati tangibili (scrivere un libro, correre una maratona), mentre gli obiettivi di "essere" si concentrano su qualità che desideri incarnare (essere più presente con i tuoi cari, vivere con maggiore gratitudine). Entrambi sono importanti, ma gli obiettivi di "essere" tendono ad essere meno valorizzati nella nostra cultura ossessionata dalla produttività misurabile.

Utilizza il framework "SPIRE" sviluppato dagli psicologi di Harvard per assicurarti che i tuoi obiettivi coprano le diverse dimensioni del benessere: spirituale (significato e scopo), fisico (salute e vitalità), intellettuale (apprendimento e crescita), relazionale (connessioni significative), ed emotivo (equilibrio e resilienza).

Adotta l'approccio dei "progetti di vita" descritto dallo psicologo Brian Little: identifica 2/3 progetti personali che riflettono i tuoi valori fondamentali e che ti offrono un senso di scopo e direzione. Questi progetti dovrebbero essere abbastanza significativi da motivarti intrinsecamente e abbastanza flessibili da evolvere nel tempo.

Per ogni obiettivo importante, chiediti: "Come cambierà la qualità della mia esperienza quotidiana se raggiungo questo obiettivo?". Gli obiettivi autenticamente significativi arricchiscono il viaggio, non solo la destinazione.

Pianifica deliberatamente il ruolo che vuoi che la

113

tecnologia giochi nel perseguimento dei tuoi obiettivi. Dovrebbe essere uno strumento che facilita il progresso, non il centro dell'esperienza o un ostacolo alla realizzazione.

L'arte di dire "no" alle distrazioni digitali

In un mondo progettato per catturare e monetizzare la nostra attenzione, dire "no" alle distrazioni digitali diventa un'abilità essenziale per vivere con intenzionalità. Non si tratta semplicemente di forza di volontà, ma di progettare consapevolmente il proprio ambiente e le proprie abitudini.

Il primo passo è riconoscere che le piattaforme digitali non sono neutrali. Sono progettate da team di ingegneri comportamentali per massimizzare il nostro coinvolgimento, spesso attraverso tecniche di manipolazione psicologica come i feed infiniti, le notifiche push, e i sistemi di ricompensa variabile. Questa consapevolezza ci permette di affrontare le distrazioni digitali non come fallimenti personali, ma come risposte prevedibili a stimoli progettati per innescarle.

Implementa barriere d'attrito: rendi le distrazioni digitali meno accessibili. Disattiva le notifiche non essenziali, rimuovi le app social dalla schermata home, utilizza estensioni del browser che bloccano siti di distrazione durante determinate ore. Queste piccole barriere non renderanno impossibile l'accesso, ma creeranno un momento di pausa consapevole prima dell'utilizzo.

Adotta la strategia dei "tempi designati" per l'uso di social media e altre tecnologie potenzialmente distraenti. Anziché accedervi in modo reattivo durante tutta la giornata, assegna momenti specifici (ad esempio, 20 minuti dopo pranzo) per controllare aggiornamenti e interagire online.

Pratica la "monotasking": l'impegno a fare una cosa alla volta, con piena attenzione. La ricerca dimostra che il multitasking digitale riduce sia la produttività che la profondità di elaborazione cognitiva. Quando sei con persone care, sii completamente presente. Quando lavori, chiudi le schede irrilevanti. Quando ti rilassi, fallo senza distrazioni parallele.

Ricorda che dire "no" alle distrazioni digitali non è privazione, ma protezione: stai difendendo ciò che è più prezioso: la tua attenzione, la materia prima della tua esperienza di vita.

Creare un manifesto personale per una vita più intenzionale

Un manifesto personale è una dichiarazione potente dei tuoi valori, delle tue intenzioni e del tipo di relazione che desideri avere con la tecnologia. Funziona come bussola interna nei momenti in cui ti senti sopraffatto o disorientato dalle infinite possibilità e richieste del mondo digitale.

Per creare il tuo manifesto, dedica del tempo a riflettere sulle seguenti domande:

- Quali sono i miei valori non negoziabili nella vita?
- Come voglio sentirmi alla fine di ogni giornata?
- Quale ruolo voglio che la tecnologia giochi nella mia vita?
- Quali confini desidero stabilire per proteggere ciò che più mi sta a cuore?
- Quali pratiche mi aiutano a sentirmi più centrato e presente?

Una volta identificati questi elementi, sintetizzali in un documento conciso ma emotivamente potente. Non deve essere perfetto o definitivo, i manifesti personali sono documenti vivi che evolvono con noi. L'importante è che risuoni profondamente con i tuoi valori autentici e che ti ispiri quando lo leggi.

Ecco un esempio di struttura:

1. La mia visione di una vita ben vissuta (2/3 frasi che catturano cosa significa per te una vita significativa)
2. I miei valori fondamentali (3/5 valori con una

breve descrizione di ciò che significano per te)

3. Le mie intenzioni quotidiane (come intendi onorare questi valori nella vita di tutti i giorni)
4. I miei confini digitali (limiti specifici che intendi rispettare rispetto all'uso della tecnologia)
5. Quando mi sento disconnesso, io... (pratiche di ricentramento quando ti senti trascinato via dall'autenticità)

Una volta completato posiziona il tuo manifesto dove potrai vederlo regolarmente, può essere una versione stampata sulla tua scrivania, salvata come sfondo dello smartphone, o appesa accanto allo specchio del bagno. L'obiettivo è ricordarti costantemente le tue priorità più profonde in un mondo progettato per farti dimenticare.

Celebrare i piccoli passi verso una vita più autentica

Il percorso verso un rapporto più equilibrato con la tecnologia e una maggiore autenticità personale non è una trasformazione istantanea, ma una serie di piccoli passi consapevoli. Nella nostra cultura ossessionata dai cambiamenti drammatici e dalle soluzioni rapide, impariamo a riconoscere e celebrare il valore del progresso incrementale.

Tieni un "diario dei successi" dove annoti i piccoli momenti in cui hai scelto l'intenzionalità invece dell'automatismo. Forse hai lasciato lo smartphone a casa durante una passeggiata, hai avuto una conversazione significativa senza distrazioni digitali, o hai resistito all'impulso di condividere un'esperienza sui social per viverla più pienamente. Questi non sono "piccoli" successi, sono il tessuto stesso di una vita autentica.

Condividi il tuo percorso con altri. Trova una comunità di persone che condividono il desiderio di una relazione più consapevole con la tecnologia. Potrebbe trattarsi di un gruppo di amici con cui stabilire sfide comuni (come weekend senza social media) o comunità online dedicate al minimalismo digitale. Celebrare insieme i progressi amplifica la motivazione e crea un senso di appartenenza.

Pratica la gratitudine per le opportunità di disconnessione. Anziché considerare i momenti offline come privazioni o sacrifici, riconoscili come regali che ti fai, spazi di libertà dove puoi riconnetterti con la tua essenza più autentica.

Ricorda che il cambiamento sostenibile non è lineare: ci saranno giorni in cui tornerai a vecchie abitudini, e va bene così; l'obiettivo non è la perfezione, ma la consapevolezza e l'intenzione. Ogni volta che noti di esserti allontanato dal tuo percorso intenzionale, celebra quella consapevolezza stessa, è il seme del prossimo passo avanti.

Come ha detto lo scrittore Lao Tzu: *"Un viaggio di mille miglia comincia sempre con il primo passo"*. Nel contesto della nostra relazione con la tecnologia, potremmo aggiungere: *"E prosegue con mille piccoli passi consapevoli."* Ogni momento in cui scegli di essere presente, ogni volta che stabilisci un confine digitale sano, ogni istante in cui ti connetti autenticamente con te stesso o con gli altri, stai creando il mosaico di una vita più intenzionale.

Il vero potere della celebrazione dei piccoli passi risiede nel rafforzamento neurobiologico che ne deriva. Quando riconosciamo e celebriamo i nostri successi, il cervello rilascia dopamina, lo stesso neurotrasmettitore che ci rende così dipendenti dalle notifiche digitali. La differenza è che questa è una forma di gratificazione che ci riconnette con noi stessi anziché allontanarci.

Un approccio particolarmente efficace è quello di creare "rituali di celebrazione" personali. Potrebbe essere qualcosa di semplice come prendersi un momento per respirare profondamente e sorridere, scrivere una nota nel tuo diario, o condividere il successo con una persona cara. L'importante è che il rituale sia significativo per te e che diventi un'abitudine regolare.

Ricorda anche di calibrare le tue aspettative. In un

mondo che celebra le trasformazioni radicali e i cambiamenti improvvisi, c'è una saggezza profonda nell'abbracciare la gradualità. Come suggerisce il concetto giapponese di "kaizen", il miglioramento continuo attraverso piccoli cambiamenti costanti spesso porta a risultati più duraturi delle rivoluzioni drastiche.

Infine rifletti periodicamente sul tuo percorso complessivo. Ogni tre o sei mesi, dedica del tempo a guardarti indietro e notare come questi piccoli passi si siano accumulati nel tempo. Quali nuove abitudini hai sviluppato? Come è cambiata la qualità della tua attenzione e delle tue relazioni? Quali aspetti della tua autenticità hanno avuto lo spazio di fiorire? Questa riflessione non solo rafforza la tua motivazione, ma ti permette anche di aggiustare la rotta in base a ciò che stai imparando su te stesso.

Nel cammino verso una vita più autentica nell'era digitale, il viaggio stesso è la destinazione. Ogni passo consapevole è già una vittoria, un momento di libertà riconquistata in un mondo progettato per catturare la tua attenzione e plasmare la tua identità. E in questa consapevolezza quotidiana, forse, risiede il segreto più profondo dell'autenticità nell'era tecnologica.

Navigare il complesso rapporto tra tecnologia e identità personale richiede una consapevolezza costante e scelte intenzionali. Abbiamo esplorato come i social media e gli strumenti digitali modellino la nostra percezione di noi stessi, spesso allontanandoci dalla nostra autenticità più profonda. Abbiamo analizzato il fenomeno della "curated life" e il suo impatto psicologico, evidenziando la crescente discrepanza tra identità digitale e identità reale.

Ma oltre a identificare le sfide, abbiamo delineato percorsi concreti verso una relazione più equilibrata con la tecnologia: strategie per riconnetterci con la nostra autenticità, tecniche per liberarci dalla dipendenza da approvazione online, pratiche per coltivare un'autostima intrinseca, e metodi per vivere con maggiore intenzionalità in un mondo di distrazioni digitali.

Il messaggio finale non è un invito al rifiuto della tecnologia, ma un richiamo alla consapevolezza e all'autonomia. Gli strumenti digitali possono arricchire enormemente le nostre vite quando li utilizziamo intenzionalmente, come mezzi per esprimere e potenziare la nostra autenticità, non come forze che la sostituiscono o la distorcono.

In questo viaggio verso una relazione più sana con la tecnologia, ricorda che non sei solo. Milioni di persone in tutto il mondo stanno affrontando le stesse sfide, cercando il proprio equilibrio tra connessione digitale e autenticità personale. Attraverso conversazioni aperte, esperimenti condivisi e supporto reciproco, possiamo collettivamente ridefinire il nostro rapporto con gli strumenti che abbiamo creato, assicurandoci che servano la nostra umanità invece di diminuirla.

La vera sfida, e la vera opportunità, dell'era digitale non è semplicemente gestire il nostro tempo online, ma coltivare un senso di sé resiliente, autentico e profondamente radicato nei nostri valori più cari. È un percorso continuo, fatto di piccoli passi quotidiani verso una vita vissuta non per essere documentata, ma per essere pienamente esperita, momento dopo momento, con consapevolezza e intenzionalità.

Capitolo 7
Innovazione e
sostenibilità digitale

In un'epoca in cui il progresso tecnologico accelera a ritmi vertiginosi, ci troviamo di fronte a un bivio cruciale: continuare a correre verso l'innovazione senza guardare indietro, o fermarci a riflettere su come questa corsa stia impattando il nostro pianeta e la nostra stessa umanità. Non si tratta di scegliere tra progresso e sostenibilità, ma di trovare una via che ci permetta di avanzare senza distruggere le fondamenta che sostengono la nostra esistenza.

La sfida del nostro tempo è questa: riuscire a conciliare il desiderio innato di esplorare nuove frontiere tecnologiche con la necessità imprescindibile di preservare l'ambiente e il benessere umano. È una danza delicata, un equilibrio sottile che richiede consapevolezza, responsabilità e visione.

In questo capitolo, esploreremo il complesso rapporto tra innovazione digitale e sostenibilità, analizzando l'impatto ambientale delle tecnologie che usiamo quotidianamente, riflettendo sulle questioni etiche che emergono dall'adozione di tecnologie sempre più avanzate, e immaginando insieme un futuro in cui il progresso tecnologico sia veramente al servizio dell'umanità e del pianeta.

Sezione 1
Tecnologia e impatto ambientale

L'impronta ecologica della produzione e dello smaltimento di dispositivi

Ogni dispositivo elettronico che teniamo tra le mani ha una storia nascosta, un'impronta ecologica invisibile ma profonda. Pensate a uno smartphone: prima di arrivare nelle nostre tasche, ha richiesto l'estrazione di circa 60 minerali diversi, tra cui terre rare, cobalto, litio e oro. Questa estrazione avviene spesso in condizioni ambientali devastanti, creando cicatrici permanenti nel paesaggio e contaminando le falde acquifere locali.

La produzione di un singolo smartphone genera circa 55 kg di CO_2, equivalenti a guidare un'auto per oltre 200 km. Moltiplicatelo per i miliardi di dispositivi prodotti ogni anno e il quadro diventa allarmante. Ma l'impatto non si ferma qui: il consumo di acqua è altrettanto impressionante, con oltre 13.000 litri necessari per la fabbricazione di un solo apparecchio.

E quando questi dispositivi diventano obsoleti? I rifiuti elettronici, o "e-waste", rappresentano il flusso di rifiuti in più rapida crescita al mondo, con oltre 50 milioni di tonnellate generate annualmente. Solo il 20% viene riciclato correttamente, il resto finisce in discariche o viene spedito in paesi in via di sviluppo, dove spesso viene smantellato in condizioni pericolose, rilasciando sostanze tossiche come piombo, mercurio e ritardanti di fiamma bromurati nell'ambiente e nelle comunità locali.

"La tecnologia che ci connette al mondo sta scollegando il mondo stesso dalle sue risorse naturali" ha osservato acutamente l'ambientalista Jane Goodall. Una riflessione che ci invita a guardare oltre lo schermo lucido dei nostri dispositivi, per vedere le cicatrici che la loro esistenza lascia sul pianeta.

Come ridurre il consumo energetico dei nostri strumenti digitali

Non è solo la produzione e lo smaltimento dei dispositivi a pesare sull'ambiente, ma anche il loro uso quotidiano. L'infrastruttura digitale globale, dai data center alle reti di comunicazione, consuma già oltre il 7% dell'elettricità mondiale, una percentuale destinata a crescere con la diffusione del cloud computing e dello streaming video in alta definizione.

Possiamo però fare molto per ridurre questa impronta energetica. A livello individuale semplici abitudini possono fare la differenza: spegnere completamente i dispositivi invece di lasciarli in standby, ridurre la luminosità degli schermi, disattivare le notifiche non essenziali, utilizzare la modalità a risparmio energetico e limitare lo streaming video in qualità superiore a quella necessaria. Anche mantenere i dispositivi più a lungo prima di sostituirli è cruciale: estendere la vita di uno smartphone da due a quattro anni può ridurre il suo impatto ambientale del 50%.

A livello di progettazione le aziende stanno investendo in tecnologie più efficienti: i processori moderni consumano una frazione dell'energia rispetto ai loro predecessori di una decade fa, mentre i display OLED e MicroLED promettono ulteriori riduzioni nei consumi. L'energia rinnovabile sta diventando la norma per alimentare i data center: Google, Microsoft e Apple hanno tutti impegni per operare con energia 100% rinnovabile.

"L'efficienza energetica è il carburante invisibile che può guidare la nostra transizione digitale in modo sostenibile" afferma Amory Lovins, fisico e ambientalista. Una metafora potente che ci ricorda come la vera innovazione

non stia solo nel creare nuove tecnologie, ma nel rendere quelle esistenti più efficienti e meno impattanti.

L'importanza di scegliere tecnologie sostenibili

Le nostre scelte come consumatori hanno un potere enorme nel plasmare il mercato. Quando scegliamo consapevolmente tecnologie progettate con la sostenibilità in mente, inviamo un segnale chiaro ai produttori che l'impatto ambientale è importante per noi.

Ma cosa rende una tecnologia "sostenibile"? Diversi fattori entrano in gioco: materiali riciclati o biodegradabili, design modulare che facilita la riparazione e l'aggiornamento, efficienza energetica, longevità del prodotto e un piano di fine vita che preveda il corretto riciclo o smaltimento.

Aziende pioniere come Fairphone stanno ridefinendo il concetto di smartphone etico, creando dispositivi modulari facilmente riparabili, con materiali equi e sostenibili. Framework sta facendo lo stesso nel settore dei laptop, offrendo computer completamente personalizzabili e aggiornabili. Questi esempi dimostrano che è possibile conciliare alta tecnologia e responsabilità ambientale.

Anche nella scelta dei servizi digitali possiamo fare la differenza: optare per provider cloud che utilizzano energia rinnovabile, scegliere piattaforme di streaming che compensano le loro emissioni, o preferire software ottimizzato che riduce il carico di elaborazione e, di conseguenza, il consumo energetico.

"Nel prossimo decennio, il vero lusso tecnologico non sarà possedere l'ultimo modello, ma avere dispositivi progettati per durare e rispettare il pianeta" prevede Kate Raworth, economista e autrice di "L'economia della ciambella". Una visione che capovolge la logica dell'obsolescenza programmata e ci invita a ripensare il nostro rapporto con gli oggetti tecnologici.

Movimenti globali per un uso più responsabile della tecnologia

Di fronte alla crescente consapevolezza dell'impatto ambientale della tecnologia, stanno emergendo movimenti globali che promuovono un approccio più consapevole e responsabile all'innovazione digitale.

Il movimento "Right to Repair" (diritto alla riparazione) sta guadagnando terreno in tutto il mondo, spingendo per legislazioni che obblighino i produttori a rendere i loro dispositivi più facilmente riparabili. L'Unione Europea è all'avanguardia in questo campo, con nuove normative che impongono ai produttori di elettronica di consumo di fornire pezzi di ricambio per almeno dieci anni e di progettare dispositivi che possano essere smontati con strumenti comuni.

Il movimento "Tech for Good" riunisce sviluppatori, designer e imprenditori impegnati a creare tecnologie che affrontino sfide sociali e ambientali. Dalle app che riducono lo spreco alimentare ai sistemi di intelligenza artificiale che ottimizzano il consumo energetico degli edifici, queste iniziative dimostrano il potenziale della tecnologia come forza positiva di cambiamento.

Il "Digital Minimalism" è un altro approccio in crescita, che promuove un uso più intenzionale e moderato della tecnologia. Non si tratta di rifiutare il digitale, ma di adottarlo selettivamente, scegliendo strumenti che aggiungono valore reale alla nostra vita senza creare dipendenza o sovraccarico informativo.

"La vera rivoluzione tecnologica del XXI secolo non sarà caratterizzata da nuovi gadget, ma da un nuovo rapporto con quelli che già abbiamo" sostiene Cal Newport, autore e teorico del minimalismo digitale. Una prospettiva che ci invita a passare dalla quantità alla qualità, dall'accumulo alla selezione consapevole.

Come educare le nuove generazioni alla sostenibilità digitale

I nativi digitali crescono in un mondo dove la tecnologia è

onnipresente, ma raramente sono educati sui suoi costi ambientali e sociali. Integrare l'alfabetizzazione digitale sostenibile nei programmi scolastici diventa quindi essenziale per formare cittadini consapevoli.

Questa educazione dovrebbe andare oltre le semplici competenze tecniche, includendo riflessioni critiche sull'impatto ambientale dei dispositivi digitali, sull'etica dei dati, sulla privacy e sul benessere digitale. I giovani dovrebbero essere incoraggiati a interrogarsi non solo su "come" usare la tecnologia, ma anche su "perché" e "a quale costo".

Progetti educativi innovativi stanno già esplorando queste direzioni. In Finlandia le scuole organizzano "hackathon verdi" dove gli studenti sviluppano soluzioni tecnologiche a problemi ambientali locali. In Giappone alcuni istituti hanno integrato programmi di "detox digitale" per insegnare ai ragazzi l'importanza dell'equilibrio tra vita online e offline.

Anche le attività pratiche hanno un ruolo fondamentale: laboratori di riparazione dove i giovani imparano a prolungare la vita dei loro dispositivi, progetti di citizen science che utilizzano la tecnologia per monitorare la qualità dell'aria o dell'acqua, o campagne di sensibilizzazione sui social media gestite dagli stessi studenti.

"Educare i giovani alla sostenibilità digitale significa dar loro gli strumenti per essere non solo consumatori critici, ma anche creatori di un futuro tecnologico più responsabile" afferma Marina Gorbis, direttrice dell'Institute for the Future. Una visione che trasforma l'educazione da mera trasmissione di conoscenze a catalizzatore di cambiamento.

Sezione 2
Bilanciare progresso e benessere

Riflessioni etiche sull'uso della tecnologia avanzata (AI, IoT, ecc.)

L'intelligenza artificiale, l'Internet delle Cose, la realtà aumentata: queste tecnologie stanno ridefinendo il nostro modo di vivere, lavorare e interagire; ma mentre ci affrettiamo ad adottarle, spesso trascuriamo le profonde questioni etiche che sollevano.

L'intelligenza artificiale, ad esempio, sta diventando sempre più sofisticata, ma anche più opaca nei suoi processi decisionali. Quando un algoritmo decide se concederci un prestito, seleziona candidati per un lavoro o suggerisce una diagnosi medica, quali valori e pregiudizi incorpora? Chi è responsabile quando un sistema autonomo prende decisioni errate? Come possiamo garantire che questi sistemi rispettino la dignità umana e i diritti fondamentali?

L'Internet delle Cose solleva interrogativi altrettanto complessi sulla privacy e l'autonomia. Quando le nostre case, auto e persino corpi sono costantemente monitorati e connessi, dove tracciamo il confine tra convenienza e sorveglianza? Chi possiede i dati generati da questi dispositivi, e come possiamo prevenirne l'uso improprio?

"La tecnologia è un ottimo servitore ma un pessimo padrone" osservava già nel secolo scorso il sociologo Lewis Mumford. Oggi, questa riflessione è più attuale che mai. Non si tratta di rifiutare il progresso tecnologico, ma di guidarlo consapevolmente, assicurandoci che sia al servizio dei nostri valori più profondi anziché sostituirsi ad essi.

Dobbiamo chiederci: "Stiamo sviluppando tecnologie che amplificano le nostre capacità umane o che ci rendono più dipendenti e passivi? Stiamo creando sistemi che promuovono l'equità e l'inclusione o che amplificano le disuguaglianze esistenti?". La risposta a queste domande determinerà se la rivoluzione digitale ci condurrà verso un futuro più giusto e umano o verso uno scenario distopico di controllo e alienazione.

Come garantire che l'innovazione serva l'umanità e non la sopraffaccia

Per assicurare che la tecnologia rimanga uno strumento al servizio dell'umanità, dobbiamo ripensare radicalmente il modo in cui la progettiamo, sviluppiamo e regolamentiamo.

Il primo passo è adottare un approccio di "innovazione responsabile", che integri considerazioni etiche, sociali e ambientali fin dalle prime fasi del processo di sviluppo tecnologico. Non si tratta di aggiungere un'etichetta etica a posteriori, ma di incorporare questi valori nel DNA stesso dei prodotti e servizi digitali.

La diversità nei team di sviluppo tecnologico è altrettanto cruciale. Quando le tecnologie sono create da gruppi omogenei, tendono a servire meglio le esigenze di chi le ha progettate, trascurando quelle di ampie fasce della popolazione. Includere persone con background, esperienze e prospettive diverse può aiutare a creare soluzioni più inclusive e adatte a un'umanità variegata.

La trasparenza è un altro pilastro fondamentale. Gli utenti dovrebbero poter comprendere, almeno a grandi linee, come funzionano le tecnologie che utilizzano, quali dati raccolgono e come li utilizzano. Questa trasparenza non è solo un diritto degli utenti, ma anche un potente meccanismo di controllo per prevenire abusi e discriminazioni algoritmiche.

"L'innovazione senza valori è cieca, i valori senza innovazione sono vuoti" afferma la filosofa della tecnologia Shannon Vallor, parafrasando Kant. Un monito che ci ricorda come la vera sfida non sia solo creare tecnologie più avanzate, ma tecnologie che riflettano e promuovano i nostri ideali più elevati di giustizia, dignità e benessere condiviso.

L'importanza di stabilire limiti etici e legali all'uso della tecnologia

In un panorama tecnologico in rapida evoluzione, le leggi e le normative spesso faticano a tenere il passo. Questa lacuna regolamentare crea zone grigie dove pratiche potenzialmente dannose possono prosperare senza un adeguato controllo.

È essenziale sviluppare framework etici e legali che stabiliscano limiti chiari all'uso delle tecnologie emergenti, specialmente in aree sensibili come il riconoscimento facciale, la sorveglianza di massa, la manipolazione comportamentale attraverso i social media, o l'uso dell'intelligenza artificiale in contesti critici come la giustizia penale o l'assistenza sanitaria. Questi limiti non dovrebbero essere visti come ostacoli all'innovazione, ma come guardrail che la indirizzano verso traiettorie più benefiche per la società.

Il Regolamento Generale sulla Protezione dei Dati (GDPR) dell'Unione Europea rappresenta un esempio pioneristico di come le normative possano proteggere i diritti fondamentali nell'era digitale. Simili framework sono necessari per altre tecnologie emergenti, dal deepfake all'editing genetico assistito dall'intelligenza artificiale.

Ma la regolamentazione formale da sola non basta: abbiamo bisogno di un ecosistema di governance che includa anche standard industriali, codici di condotta professionali, certificazioni etiche e meccanismi di auto-regolamentazione. Le aziende tecnologiche stesse devono assumere la responsabilità delle conseguenze sociali ed etiche dei loro prodotti, adottando principi come "l'etica by design" e la valutazione dell'impatto algoritmico.

"I confini che tracciamo attorno alla tecnologia riflettono i confini che vogliamo preservare nella nostra umanità" osserva la giurista Sheila Jasanoff. Una riflessione profonda che ci ricorda come i limiti che imponiamo alla tecnologia non siano arbitrari, ma espressioni dei valori che vogliamo proteggere e promuovere come società.

Strategie per bilanciare progresso tecnologico e qualità della vita

Il progresso tecnologico non è sinonimo automatico di miglioramento della qualità della vita. Anzi, senza un approccio consapevole, rischia di creare nuove forme di stress, alienazione e disuguaglianza. Come possiamo allora assicurarci che l'innovazione digitale arricchisca veramente la nostra esistenza anziché complicarla?

Una strategia fondamentale è adottare un approccio centrato sull'umano alla progettazione tecnologica. Ciò significa creare soluzioni che si adattino naturalmente ai nostri bisogni, capacità e limitazioni, piuttosto che costringerci ad adattarci a interfacce contro-intuitive o workflow inefficienti. Le tecnologie dovrebbero amplificare le nostre capacità senza sostituirsi alla nostra agency o al nostro giudizio.

Il concetto di "tecnologia appropriata" offre un'altra prospettiva preziosa. Non tutte le innovazioni sono adatte a tutti i contesti, la soluzione più avanzata non è sempre la migliore. Dobbiamo chiederci: "Questa tecnologia risponde a un bisogno reale? È accessibile a chi ne ha più bisogno? È sostenibile nel lungo periodo? È compatibile con i valori e le pratiche culturali locali?".

A livello individuale e collettivo, è essenziale stabilire confini sani con la tecnologia. Pratiche come il "digital sabbath" (un periodo regolare di disconnessione digitale), spazi fisici tech-free o politiche aziendali che rispettano il diritto alla disconnessione dopo l'orario di lavoro, possono aiutare a preservare spazi di autenticità e presenza non mediata dalla tecnologia.

"La vera misura del progresso tecnologico non è quanto possiamo fare con la tecnologia, ma quanto possiamo essere pienamente umani mentre la utilizziamo" suggerisce la sociologa Sherry Turkle. Una prospettiva che ci invita a valutare l'innovazione non solo in termini di efficienza o funzionalità, ma anche in base alla sua capacità di nutrire, anziché impoverire, la nostra umanità fondamentale.

Progettare un futuro in cui la tecnologia supporta il benessere globale

Immaginiamo un futuro in cui la tecnologia non sia solo una forza per il profitto o l'efficienza, ma un potente alleato nel creare un mondo più equo, sostenibile e umano. Questo futuro è possibile, ma richiede un ripensamento radicale delle priorità che guidano l'innovazione tecnologica.

Dobbiamo passare da un modello di sviluppo guidato principalmente dagli interessi commerciali a uno orientato al bene comune. Ciò significa incentivare tecnologie che affrontano le sfide più urgenti dell'umanità: cambiamento climatico, povertà, accesso all'istruzione e alla sanità, invecchiamento della popolazione e inclusione delle persone con disabilità.

Le tecnologie per il benessere globale dovrebbero essere progettate con principi di accessibilità universale, per garantire che i benefici dell'innovazione siano disponibili a tutti, indipendentemente dalla geografia, dal reddito o dalle capacità. Il movimento open source e gli standard aperti possono giocare un ruolo cruciale in questo senso, democratizzando l'accesso alla conoscenza e agli strumenti tecnologici.

È fondamentale anche integrare una prospettiva intergenerazionale nella progettazione tecnologica. Le decisioni che prendiamo oggi influenzeranno le generazioni future; dobbiamo quindi considerare non solo l'impatto immediato delle innovazioni, ma anche le loro conseguenze a lungo termine sulla società e sull'ambiente.

"La più grande sfida del nostro tempo non è sviluppare tecnologie più potenti, ma assicurarci che il potere della tecnologia serva fini umani" afferma l'economista Kate Raworth. Una visione che ci invita a spostare il focus dal cosa la tecnologia può fare al perché la stiamo sviluppando e chi ne beneficerà.

Sezione 3
Prepararsi a un futuro sostenibile

Come adattarsi ai cambiamenti tecnologici senza perdere il controllo

Il ritmo del cambiamento tecnologico continua ad accelerare, creando una sensazione di vertigine e talvolta di impotenza. Come possiamo navigare questa trasformazione perpetua senza sentirci sopraffatti o lasciati indietro?

La chiave è sviluppare quella che potremmo chiamare "agilità tecnologica": non tanto la padronanza di specifici strumenti o piattaforme, destinati inevitabilmente all'obsolescenza, quanto la capacità di apprendere, adattarsi e valutare criticamente le nuove tecnologie man mano che emergono. Questa agilità richiede una mentalità di apprendimento continuo, curiosità e apertura al cambiamento, ma anche una solida base di valori e priorità che ci guidi nelle nostre scelte tecnologiche.

Dobbiamo inoltre passare da un approccio reattivo a uno pro-attivo nei confronti dell'innovazione. Invece di limitarci a rispondere ai cambiamenti tecnologici dopo che sono avvenuti, possiamo partecipare attivamente al loro indirizzo attraverso il coinvolgimento civico, la partecipazione a dibattiti pubblici, il feedback alle aziende tecnologiche e il sostegno a iniziative che promuovono uno sviluppo tecnologico responsabile.

Le comunità di pratica e i network di supporto reciproco sono risorse preziose in questo processo di adattamento. Condividere esperienze, conoscenze e strategie con altri può rendere la transizione tecnologica meno solitaria e intimidatoria, creando spazi di solidarietà e apprendimento collettivo.

"Non si tratta di tenere il passo con la tecnologia, ma di assicurarsi che la tecnologia tenga il passo con le nostre esigenze umane" suggerisce la designer e tecnologa

Amber Case. Una prospettiva che ci ricorda che, nonostante la rapidità del cambiamento, siamo noi a dover rimanere al volante, guidando la tecnologia anziché lasciarci guidare da essa.

L'importanza di una visione olistica del progresso

Troppo spesso, il progresso viene misurato attraverso metriche unidimensionali: più veloce, più potente, più efficiente. Ma un approccio autenticamente sostenibile richiede una visione olistica che consideri le molteplici dimensioni dell'impatto tecnologico: ambientale, sociale, psicologico, economico e culturale.

Questa visione olistica riconosce le interconnessioni tra tecnologia, società e ambiente naturale. Comprende che un'innovazione atta a risolvere un problema in un'area può crearne altri altrove se non viene considerata nel contesto di un sistema più ampio. Ad esempio i veicoli elettrici riducono le emissioni dirette, ma sollevano nuove questioni riguardo all'estrazione di litio, al riciclo delle batterie e alla fonte dell'elettricità utilizzata.

Per promuovere questa visione integrata, abbiamo bisogno di nuove metriche di successo che vadano oltre la crescita economica o l'efficienza tecnica. Indicatori come l'impronta ecologica, il benessere soggettivo, l'inclusività sociale, la resilienza sistemica e la sostenibilità a lungo termine dovrebbero essere considerati parametri fondamentali nella valutazione di qualsiasi innovazione tecnologica.

I processi decisionali dovrebbero inoltre incorporare prospettive diverse, dando voce non solo agli esperti tecnici, ma anche ai rappresentanti delle comunità impattate, ai difensori dell'ambiente, ai filosofi, agli artisti e alle generazioni future. Solo attraverso questo dialogo multidisciplinare possiamo sviluppare una comprensione veramente completa delle implicazioni delle nostre scelte tecnologiche.

"Il vero progresso armonizza l'innovazione tecnica con la saggezza ecologica e l'empatia sociale" afferma il filosofo

della tecnologia Langdon Winner. Una visione che ci invita a superare la falsa dicotomia tra avanzamento tecnologico e valori umani, riconoscendo che il progresso autentico deve integrare entrambi.

Creare comunità resilienti nell'era digitale

In un mondo sempre più individualizzato e mediato dalla tecnologia, le comunità resilienti diventano ancora fondamentali di stabilità, supporto e significato. Ma come possiamo costruire e mantenere questi legami comunitari nell'era digitale?

Le tecnologie possono essere potenti facilitatori di connessione comunitaria quando vengono utilizzate intenzionalmente a questo scopo. Piattaforme per lo scambio locale di beni e servizi, strumenti di pianificazione urbana partecipativa, reti di sostegno tra vicini, o hub digitali per progetti comunitari sono esempi di come la tecnologia possa rafforzare anziché indebolire il tessuto sociale.

Le comunità resilienti nell'era digitale combinano il meglio della connettività online con l'insostituibile valore dell'interazione faccia a faccia. Creano "terzi luoghi" ibridi dove le persone possono incontrarsi sia fisicamente che virtualmente, collaborare su progetti condivisi, e sviluppare un senso di appartenenza e responsabilità reciproca.

Queste comunità sono caratterizzate anche da un approccio sovrano alla tecnologia: invece di essere semplici consumatori passivi di soluzioni standardizzate, diventano co-creatori attivi, adattando e personalizzando gli strumenti digitali in base alle loro esigenze e valori specifici. Il movimento delle "smart cities from below" esemplifica questa filosofia, promuovendo tecnologie urbane progettate con e per i cittadini, piuttosto che imposte dall'alto.

"Una comunità resiliente utilizza la tecnologia come ponte, non come sostituto delle relazioni umane" osserva la sociologa e attivista Astra Taylor. Una prospettiva che

ci ricorda che, per quanto avanzati siano i nostri strumenti digitali, è la qualità delle nostre connessioni umane a determinare in ultima analisi la resilienza e il benessere delle nostre comunità.

Educazione e formazione per un futuro sostenibile

Per navigare con successo un futuro sempre più tecnologico e complesso, abbiamo bisogno di ripensare radicalmente i nostri sistemi educativi. L'educazione del XXI secolo deve andare oltre la trasmissione di conoscenze statiche per coltivare competenze dinamiche: pensiero critico, creatività, collaborazione, adattabilità e apprendimento continuo.

L'alfabetizzazione tecnologica diventa essenziale, non solo come abilità pratica ma come forma di consapevolezza critica. Gli studenti dovrebbero comprendere non solo come usare la tecnologia, ma anche come funziona a livello fondamentale, quali forze sociali ed economiche la plasmano, e come valutarne l'impatto etico, sociale e ambientale.

Allo stesso tempo, l'educazione per un futuro sostenibile deve coltivare capacità profondamente umane che nessuna intelligenza artificiale può replicare: empatia, giudizio etico, creatività divergente, intelligenza emotiva e sociale. Queste "competenze sapienziali" diventano ancora più preziose in un mondo sempre più automatizzato e mediato dalla tecnologia.

I metodi di insegnamento stessi devono evolversi, passando da modelli standardizzati e passivi a approcci personalizzati e attivi. Le tecnologie educative, usate con saggezza, possono supportare questa trasformazione, offrendo esperienze di apprendimento immersive, adattive e collaborative che coinvolgono gli studenti come protagonisti attivi della propria formazione.

"Educare per il futuro significa insegnare a navigare l'incertezza con curiosità anziché paura, e a usare gli strumenti tecnologici con discernimento anziché dipendenza" sostiene la pedagogista Sugata Mitra. Una

visione che riconosce come l'educazione più preziosa non sia quella che fornisce risposte definitive, ma quella che coltiva la capacità di porre domande significative e di cercare risposte con apertura, rigore e consapevolezza etica.

Visioni utopiche e distopiche del rapporto uomo-tecnologia

Da sempre, l'umanità oscilla tra visioni utopiche e distopiche del futuro tecnologico. Da un lato immaginiamo un mondo dove la tecnologia elimina la scarsità, cura le malattie, libera gli esseri umani dal lavoro alienante, e ci permette di esprimere pienamente il nostro potenziale creativo. Dall'altro, temiamo scenari di sorveglianza totale, dipendenza debilitante, perdita di autonomia, e degradazione ambientale irreversibile.

Queste narrazioni opposte non sono meri esercizi di fantasia, plasmano profondamente il modo in cui sviluppiamo, regolamentiamo e utilizziamo la tecnologia. Le visioni utopiche possono ispirarci e motivarci, mentre quelle distopiche ci allertano sui rischi da evitare. Entrambe sono necessarie per navigare consapevolmente il futuro tecnologico.

La realtà, naturalmente, si colloca in uno spazio intermedio più complesso e sfumato. Il futuro che stiamo creando non sarà né un paradiso tecno-utopico né un incubo orwelliano, ma un mosaico di possibilità in cui coesisteranno elementi positivi e problematici. La sfida è massimizzare i primi e minimizzare i secondi attraverso scelte consapevoli e collettive.

Forse la visione più saggia è quella che il filosofo Bruno Latour chiama "tecnologia terrestre": né un rifiuto luddista né un'accettazione acritica dell'innovazione, ma un approccio che riconosce i limiti planetari, rispetta la diversità culturale, e utilizza la tecnologia come strumento per guarire piuttosto che dominare le relazioni tra umani e non-umani.

"Il futuro tecnologico non è predeterminato, ma viene

continuamente creato dalle nostre scelte collettive" osserva la futurologa Amy Webb. *"Non siamo passeggeri passivi di un treno diretto verso una destinazione fissa, ma navigatori attivi che possono orientare la rotta verso gli orizzonti che desideriamo."*

Questa consapevolezza della nostra agency collettiva è forse la visione più potente e liberatoria. Ci ricorda che la tecnologia non è una forza autonoma che si sviluppa secondo logiche proprie, ma un prodotto culturale che riflette i nostri valori, priorità e rapporti di potere. Cambiando questi elementi fondamentali, possiamo trasformare anche il volto e la traiettoria dell'innovazione tecnologica.

Le storie che raccontiamo sul futuro hanno un potere plastico, diventano profezie che si auto-avverano. Ecco perché è essenziale coltivare narrazioni che non siano né ingenuamente ottimistiche né paralizzanti nella loro cupezza, ma realisticamente speranzose, riconoscendo le sfide senza negare la possibilità di superarle attraverso l'azione collettiva e la creatività umana.

Come suggerisce la scrittrice di fantascienza Ursula K. Le Guin: *"Non abbiamo bisogno di predire il futuro. Abbiamo bisogno di immaginare il futuro che vogliamo, e poi lavorare per realizzarlo"*. Un invito ad assumere il ruolo di co-creatori attivi, piuttosto che profeti passivi, del nostro destino tecnologico condiviso.

Al termine di questo viaggio attraverso le complessità dell'innovazione sostenibile, emergono alcune verità fondamentali. La tecnologia non è né intrinsecamente buona, né cattiva, né neutrale: incorpora sempre valori, priorità e visioni del mondo. La sfida non è scegliere tra innovazione e sostenibilità, ma ripensare l'innovazione stessa in modo che diventi intrinsecamente sostenibile, ambientalmente, socialmente ed eticamente.

Questo ripensamento richiede un cambiamento di paradigma: dal modello estrattivo che ha caratterizzato gran parte della rivoluzione industriale e digitale a un approccio rigenerativo che crea valore rispettando i limiti planetari e nutrendo il benessere umano. Richiede anche un allargamento della conversazione sull'innovazione, includendo voci diverse e prospettive tradizionalmente marginalizzate.

La strada verso un futuro digitale sostenibile non è tracciata in modo lineare. È un percorso che dobbiamo scoprire camminando, attraverso esperimenti, apprendimenti collettivi, errori e correzioni di rotta. Richiede il coraggio di mettere in discussione paradigmi consolidati, la pazienza di costruire alternative viabili, e la saggezza di riconoscere che la vera innovazione deve servire non solo il profitto a breve termine, ma il benessere duraturo del pianeta e di tutti i suoi abitanti.

Come ha osservato il designer e ambientalista William McDonough: *"Il nostro compito non è minimizzare il danno che causiamo, ma massimizzare il bene che possiamo fare"*. Questa prospettiva trasformativa ci invita a vedere la sostenibilità non come un vincolo che limita l'innovazione, ma come una fonte di creatività che la orienta verso fini più elevati e significativi.

In ultima analisi la questione non è se la tecnologia possa essere sostenibile, ma se noi umani possiamo sviluppare la saggezza collettiva per guidare l'innovazione verso un futuro che rifletta i nostri valori più profondi e le nostre aspirazioni più nobili. La risposta a questa domanda verrà scritta non nei libri di storia, ma nelle scelte quotidiane di inventori, imprenditori, politici, educatori e cittadini consapevoli, compreso te, lettore, che in questo preciso momento stai riflettendo sulle idee esplorate in queste pagine.

Perché il futuro sostenibile che desideriamo non è un destino che ci attende, ma una creazione che ci chiama a partecipare alla sua realizzazione, un invito a diventare non solo utenti passivi della tecnologia, ma suoi custodi attivi e visionari.

Capitolo 8
Conclusione: verso un equilibrio digitale sostenibile

Nell'intricato labirinto della modernità digitale, ci ritroviamo a un bivio cruciale della storia umana. Da un lato, abbiamo creato un mondo di possibilità infinite, dove la conoscenza è accessibile con un tocco e le distanze si annullano in un istante. Dall'altro, ci troviamo di fronte a una sfida esistenziale profonda: come mantenere la nostra umanità essenziale in un universo che sembra progettato per frammentarla? In questo ottavo, e penultimo capitolo, andremo a riassumere quanto detto finora.

La grande contraddizione della nostra era

La tecnologia, nella sua essenza, è stata sempre una estensione delle nostre capacità umane. Il martello ha potenziato il nostro braccio, il telescopio ha ampliato la nostra vista, e la stampa ha dato ali alla nostra conoscenza. Ma qualcosa di fondamentale è cambiato con la rivoluzione digitale: per la prima volta nella storia, la tecnologia non si limita ad estendere le nostre capacità, ma comincia a sostituirle e, in alcuni casi, a compromettere proprio quelle qualità che ci rendono umani.

Questa è la grande contraddizione della nostra era: gli strumenti che abbiamo creato per connetterci ci stanno isolando, le innovazioni che dovevano liberare il nostro tempo lo stanno consumando e i dispositivi che dovevano amplificare la nostra intelligenza stanno riducendo la nostra capacità di pensare profondamente.

Il nostro rapporto con la tecnologia ricorda per molti versi altre grandi rivoluzioni della storia umana. Come la rivoluzione industriale trasformò radicalmente il nostro rapporto con il lavoro e la natura, la rivoluzione digitale sta ridefinendo il nostro rapporto con il tempo, lo spazio e persino con la nostra stessa identità. E come i primi critici della società industriale - da Thoreau a Dickens - ci avvertivano dei pericoli della macchina, oggi una nuova generazione di pensatori ci invita a riconsiderare criticamente il nostro abbraccio con il digitale.

La lezione della storia: equilibrio e adattamento

La storia ci insegna che l'adattamento umano è un processo inevitabile ma non necessariamente lineare. Ogni grande cambiamento tecnologico ha portato con sé profonde trasformazioni sociali, culturali e psicologiche. L'invenzione dell'orologio meccanico, ad esempio, non ha semplicemente cambiato il modo in cui misuriamo il tempo, ma ha trasformato radicalmente la nostra percezione di esso, inaugurando l'era della produttività e dell'efficienza cronometrica.

Allo stesso modo, la rivoluzione digitale non sta semplicemente cambiando i nostri strumenti di comunicazione, ma sta ridefinendo cosa significa comunicare, cosa significa conoscere, cosa significa essere presenti.

Ma la storia ci insegna anche che l'umanità ha sempre trovato il modo di adattarsi, di integrare l'innovazione senza perdere la propria essenza. Gli esseri umani hanno una capacità straordinaria di assorbire il cambiamento e di trovare nuovi equilibri. Oggi, quella capacità è messa alla prova come mai prima d'ora.

Lezioni dalla natura: ritmi e cicli

La natura, maestra di equilibrio, ci offre una prospettiva preziosa su come gestire il nostro rapporto con la tecnologia. Nel mondo naturale ogni essere vivente segue ritmi e cicli ben definiti: il giorno e la notte, le stagioni, i cicli di crescita e riposo. Questi ritmi non sono limitazioni, ma condizioni necessarie per la vita stessa.

L'albero che cresce senza sosta, ignorando i cicli delle stagioni, è destinato a spezzarsi. L'animale che non rispetta i ritmi del proprio corpo è destinato all'esaurimento. Allo stesso modo, l'essere umano che vive in uno stato di costante attivazione digitale, ignorando i ritmi naturali del proprio corpo e della propria mente, rischia di perdere quell'equilibrio che è fondamentale per il benessere.

La tecnologia digitale, nella sua incessante corsa all'innovazione, spesso ignora questi ritmi naturali. Ci spinge verso una condizione di costante reattività, di perenne connessione, di continua stimolazione. Ma il nostro sistema nervoso, evolutosi in un mondo di cicli naturali, non è programmato per questo stato di allerta perpetua.

La saggezza antica per un mondo moderno

Le filosofie e le tradizioni spirituali di tutto il mondo, da millenni, ci offrono insegnamenti preziosi su come vivere in armonia con noi stessi e con il mondo che ci circonda. Questi insegnamenti acquisiscono una nuova rilevanza nell'era digitale.

Il buddismo, ad esempio, ci parla dell'importanza della

consapevolezza, della capacità di essere pienamente presenti nel momento. In un'epoca in cui la nostra attenzione è costantemente frammentata tra molteplici schermi e notifiche, questa pratica di presenza mentale diventa un antidoto potente allo stress digitale.

La filosofia stoica ci insegna a distinguere ciò che possiamo controllare da ciò che è fuori dal nostro controllo, invitandoci a concentrare le nostre energie su ciò che dipende da noi. In un mondo digitale caratterizzato da un flusso infinito di informazioni, notizie e opinioni, questa capacità di discernimento diventa essenziale per mantenere la chiarezza mentale.

L'etica aristotelica ci ricorda l'importanza della virtù come via di mezzo tra gli estremi. Né tecno-entusiasmo acritico, né tecno-pessimismo apocalittico, ma una via di mezzo fatta di equilibrio e saggezza pratica.

L'arte come risposta allo stress digitale

L'arte, in tutte le sue forme, ha sempre rappresentato un modo per l'umanità di elaborare le proprie esperienze più profonde e di dare senso al mondo. Nell'era digitale, l'arte assume un ruolo ancora più cruciale come spazio di riflessione e di resistenza.

L'arte ci invita a rallentare, a contemplare, a immergerci completamente in un'esperienza. In un mondo di consumo rapido e di attenzione frammentata, l'esperienza artistica diventa un'oasi di profondità e di presenza.

L'arte ci offre anche un linguaggio per esprimere le ambiguità e le contraddizioni della nostra relazione con la tecnologia. Dalla letteratura distopica di Orwell e Huxley al cinema di Kubrick e Spike Jonze, gli artisti hanno esplorato le implicazioni profonde della nostra dipendenza dalla tecnologia, offrendoci specchi nei quali riflettere la nostra condizione.

Inoltre l'arte ci ricorda che la creatività umana trascende gli algoritmi e le automazioni. In un mondo sempre più dominato dall'intelligenza artificiale, l'espressione artistica rimane un baluardo dell'unicità umana, della nostra capacità di creare significato e bellezza dal caos dell'esperienza.

Il corpo come antenna della nostra umanità

Nella nostra corsa verso la digitalizzazione, rischiamo di dimenticare che siamo esseri incarnati, che la nostra esistenza è intrinsecamente legata alla nostra corporeità. Il corpo non è un semplice veicolo per la mente, ma è il fondamento stesso della nostra esperienza umana.

Come già anticipato, stress digitale si manifesta non solo a livello mentale, ma anche e soprattutto a livello fisico: tensione muscolare, affaticamento degli occhi, disturbi del sonno, problemi posturali. Questi sintomi non sono semplicemente effetti collaterali del nostro uso della tecnologia, ma sono segnali che ci ricordano la nostra natura incarnata.

La riscoperta del corpo, attraverso pratiche come lo yoga, la danza, le arti marziali o semplicemente attraverso la consapevolezza somatica, diventa quindi un antidoto potente allo stress digitale. Queste pratiche ci riconnettono con la nostra presenza fisica, con il nostro respiro, con la nostra capacità di sentire piuttosto che solo pensare.

Il movimento, in particolare, rappresenta una forma di resistenza alla sedentarietà imposta dalle nostre vite digitali. Camminare in natura, correre, nuotare, arrampicarsi: queste attività non sono solo benefiche per la salute fisica, ma sono modi per ricordare al nostro corpo la sua libertà e la sua autonomia.

L'imperativo ecologico nell'era digitale

La crisi ecologica e la crisi digitale sono profondamente interconnesse. La nostra dipendenza dalla tecnologia ha un costo ambientale enorme, dal consumo energetico dei data center all'estrazione di minerali rari per i nostri dispositivi, allo smaltimento dei rifiuti elettronici.

Ma la connessione va oltre l'impatto materiale. La nostra

disconnessione dalla natura, accelerata dalla vita digitale, ha contribuito a creare quella mentalità di separazione che è alla base della crisi ecologica stessa. Quando viviamo principalmente attraverso schermi, la natura diventa un'astrazione, un'immagine, un concetto piuttosto che un'esperienza vissuta.

Riscoprire un rapporto diretto con il mondo naturale diventa quindi una strategia importante non solo per il nostro benessere personale, ma anche per la salute del pianeta. Quando ci immergiamo nella natura, quando sperimentiamo direttamente la sua bellezza e la sua complessità, sviluppiamo naturalmente un senso di responsabilità e di cura verso di essa.

La natura ci offre un modello di sostenibilità e di equilibrio che può ispirare un approccio più sano alla tecnologia. In natura nulla è sprecato, ogni elemento ha un ruolo nel grande sistema della vita, e la diversità è la chiave della resilienza. Questi principi potrebbero guidarci verso un uso più consapevole e sostenibile della tecnologia.

Verso un nuovo umanesimo digitale

Di fronte alle sfide poste dalla rivoluzione digitale, abbiamo bisogno di un nuovo umanesimo, un approccio che metta al centro la dignità e il benessere dell'essere umano, pur riconoscendo il potenziale trasformativo della tecnologia.

Questo nuovo umanesimo digitale non è né tecno-entusiasta né tecno-fobico, ma pragmatico e critico. Riconosce i benefici straordinari della tecnologia, ma anche i suoi pericoli. Valorizza l'innovazione, ma insiste che essa debba essere guidata da valori umani e non solo da imperativi di mercato o di efficienza.

Il nuovo umanesimo digitale riafferma la centralità dell'esperienza umana diretta, della relazione faccia a faccia, della connessione con la natura, del silenzio e della contemplazione. Non come alternativa alla vita digitale, ma come suo fondamento necessario.

In questo nuovo umanesimo la tecnologia è vista come uno strumento al servizio dell'umanità, non come un fine in sé. È un approccio che interroga costantemente il senso e lo scopo del progresso tecnologico, chiedendosi: "Questa innovazione contribuisce realmente al benessere umano? Aumenta la nostra libertà o la restringe? Arricchisce la nostra esperienza o la impoverisce?".

L'educazione come chiave di volta

In questo scenario l'educazione assume un ruolo cruciale. Non si tratta solo di insegnare come usare gli strumenti digitali, ma di formare persone capaci di pensiero critico, di discernimento, di presenza mentale.

Un'educazione per l'era digitale deve bilanciare la familiarità con la tecnologia e la capacità di vivere senza di essa. Deve coltivare tanto la competenza tecnica quanto la profondità umana, tanto la capacità di navigare nel mondo digitale quanto la capacità di trovarsi a proprio agio nel silenzio e nella solitudine.

Deve insegnare non solo a cercare informazioni, ma a trasformarle in conoscenza e, infine, in saggezza. Deve formare non solo consumatori di contenuti, ma creatori di significato.

L'educazione deve preparare le nuove generazioni a un futuro in cui la tecnologia giocherà un ruolo sempre più centrale, ma in cui le qualità umane (empatia, creatività, pensiero critico, resilienza emotiva) saranno ancora più cruciali.

Il ruolo delle comunità

La risposta allo stress digitale non può essere solo individuale, ma deve coinvolgere le comunità. È nelle comunità che troviamo il supporto, l'ispirazione e la responsabilità reciproca necessarie per cambiare le nostre abitudini.

Le comunità (che siano famiglie, scuole, luoghi di lavoro, quartieri o gruppi di interesse) possono svolgere un ruolo cruciale nel promuovere pratiche più sane di uso della tecnologia. Possono creare spazi di disconnessione, stabilire norme sociali che valorizzino la presenza e la connessione autentica, organizzare esperienze collettive che bilancino la vita digitale con l'esperienza diretta.

Le comunità possono altresì fungere da laboratori per sperimentare nuovi modi di vivere con la tecnologia. Possono essere incubatori di innovazione sociale, spazi dove si possano testare e raffinare pratiche e politiche che promuovano un uso più equilibrato e sostenibile del digitale.

La responsabilità delle aziende tecnologiche

Le aziende che progettano e forniscono le tecnologie che utilizziamo quotidianamente hanno una responsabilità enorme nel plasmare il nostro rapporto con il digitale. Le loro decisioni di design, i loro modelli di business e le loro politiche di utilizzo dei dati hanno un impatto profondo sulla nostra salute mentale, sulla nostra vita sociale, sulla nostra capacità di attenzione.

È necessario un nuovo patto tra queste aziende e la società, un patto che riconosca il potere trasformativo della tecnologia, ma che lo indirizzi verso il bene comune. Un patto che metta al centro il benessere umano, non solo l'engagement o la monetizzazione.

Questo richiede un cambiamento di paradigma nel modo in cui pensiamo alla tecnologia e al suo ruolo nella società. Non si tratta di demonizzare la tecnologia o di idolatrarla, ma di riconoscere che essa è uno strumento potente che può essere utilizzato tanto per il bene quanto per il male.

Verso un futuro di equilibrio digitale

Un futuro in cui potremo godere dei benefici straordinari del digitale senza sacrificare la nostra salute mentale, le nostre relazioni, la nostra capacità di essere presenti e consapevoli.

Questo futuro richiede un nuovo approccio al design tecnologico, che metta al centro il benessere umano e non solo l'efficienza o il profitto. Un design che rispetti i limiti cognitivi e biologici dell'essere umano, che non sfrutti le nostre vulnerabilità per massimizzare l'engagement, ma che ci aiuti a utilizzare la tecnologia in modo più intenzionale e consapevole.

Richiede anche un nuovo modo di pensare alla produttività e al successo, che vada oltre la logica della crescita infinita e dell'ottimizzazione costante. Un approccio che riconosca che la vera produttività non si misura in ore passate davanti a uno schermo o in e-mail inviate, ma nella qualità del nostro lavoro, nella nostra capacità di risolvere problemi complessi, nella nostra creatività e nella nostra capacità di collaborare.

Il paradosso della connessione e la ricerca di autenticità

Viviamo in un'epoca di connessione senza precedenti. Mai prima d'ora era stato così facile rimanere in contatto con persone lontane, accedere a informazioni, condividere esperienze. Eppure, paradossalmente, molti di noi si sentono più soli e isolati che mai.

Questo paradosso della connessione è una delle manifestazioni più evidenti dello stress digitale. La quantità di connessioni digitali non si traduce automaticamente in qualità delle relazioni. Anzi, spesso la sovraccarica di interazioni superficiali online può sostituirsi alle connessioni più profonde e significative che avvengono nel mondo fisico.

La ricerca di autenticità diventa quindi una risposta importante allo stress digitale. Autenticità nelle relazioni, che vanno oltre la superficie delle interazioni sui social media. Autenticità nell'espressione di sé, che non si riduce a una versione filtrata e curata per il consumo online. Autenticità nel modo di vivere, che non è determinato dalle tendenze o dalle pressioni della vita digitale.

Questa ricerca di autenticità non significa rifiutare la tecnologia, ma utilizzarla in modo più consapevole, come strumento per arricchire le nostre vite reali piuttosto che come sostituto di esse.

La resilienza digitale come nuova frontiera

Di fronte alle sfide dello stress digitale abbiamo bisogno di sviluppare una nuova forma di resilienza: la resilienza digitale. Non si tratta solo di resistere alle pressioni della vita online, ma di adattarsi attivamente, di imparare a navigare nel mondo digitale mantenendo il proprio equilibrio e la propria integrità.

La resilienza digitale si basa su alcune capacità fondamentali:

- La capacità di stabilire confini chiari tra vita online e offline
- La capacità di gestire l'informazione senza esserne sopraffatti
- La capacità di utilizzare la tecnologia in modo intenzionale e non reattivo
- La capacità di mantenere una prospettiva equilibrata sui social media
- La capacità di disconnettersi regolarmente per ricaricare le proprie energie

Queste capacità non sono innate, ma possono essere sviluppate attraverso la pratica e la riflessione, possono essere insegnate, condivise, trasmesse alle nuove generazioni come parte essenziale della loro educazione.

Il tempo come risorsa preziosa

Il tempo è la risorsa più preziosa che possediamo e il modo in cui lo spendiamo determina la qualità della nostra vita. Lo stress digitale, in molti modi, è una crisi di gestione del tempo: troppo tempo passato davanti agli schermi, troppe ore dedicate al consumo passivo di contenuti, troppa energia spesa a reagire piuttosto che ad agire.

Recuperare il controllo del nostro tempo diventa quindi una strategia fondamentale per affrontare lo stress digitale. Non si tratta solo di ridurre il tempo passato online, ma di utilizzarlo in modo più intenzionale, più allineato con i nostri valori e le nostre priorità.

Questo richiede una riflessione profonda su cosa conta davvero nella nostra vita, su come vogliamo spendere il nostro tempo limitato su questo pianeta. Richiede la capacità di dire no alle distrazioni, di resistere alla pressione dell'urgenza perpetua, di creare spazi di silenzio e di riflessione in un mondo sempre più rumoroso.

La lentezza come forma di resistenza

In un mondo che valorizza sempre più la velocità, la lentezza diventa una forma di resistenza. Non lentezza come inefficienza, ma lentezza come attenzione, come presenza, come capacità di immergersi completamente in un'esperienza.

Il movimento del "slow food" ci ha insegnato che il cibo non è solo nutrimento, ma cultura, connessione, piacere. Allo stesso modo abbiamo bisogno di un movimento della "slow technology", che ci ricordi che la tecnologia non è solo uno strumento per fare più cose più velocemente, ma un mezzo per arricchire la nostra esperienza umana.

Questo approccio alla tecnologia valorizza la profondità rispetto alla velocità, la qualità rispetto alla quantità, l'intenzionalità rispetto alla reattività. Ci invita a utilizzare la tecnologia in modo più consapevole, più allineato con i nostri valori e le nostre priorità.

La meditazione come antidoto al caos digitale

La meditazione e le pratiche di mindfulness, radicate in antiche tradizioni spirituali, offrono strumenti potenti per affrontare lo stress digitale. Queste pratiche ci aiutano a sviluppare la capacità di essere presenti, di osservare i nostri pensieri e le nostre emozioni senza esserne sopraffatti, di coltivare uno spazio di calma in mezzo al caos.

La ricerca scientifica ha dimostrato che la meditazione regolare può ridurre lo stress, migliorare la concentrazione, aumentare la resilienza emotiva. Tutte capacità cruciali per navigare nel mondo digitale senza perdere il proprio centro.

Ma la meditazione non è solo una tecnica per gestire lo stress, è un modo di essere, una pratica di presenza e di consapevolezza che può trasformare profondamente il nostro rapporto con la tecnologia e con il mondo.

L'importanza del gioco e della creatività

Il gioco e la creatività sono dimensioni fondamentali dell'esperienza umana che rischiano di essere compromesse dallo stress digitale. Quando siamo costantemente connessi, reagendo alle richieste e alle notifiche, abbiamo poco spazio per il gioco libero, per l'esplorazione, per la creatività senza scopo.

Eppure è proprio in questi spazi di libertà creativa che nascono le idee più innovative, che si sviluppa la capacità di pensiero divergente, che si coltiva la resilienza cognitiva. Il gioco non è solo una forma di svago, ma un modo di apprendere, di esplorare, di connettere idee in modi nuovi e sorprendenti.

Recuperare la dimensione del gioco e della creatività diventa quindi un'importante strategia per contrastare lo stress digitale. Significa creare spazi di libertà nella nostra vita quotidiana, momenti in cui possiamo esplorare, sperimentare e creare senza la pressione della produttività o del giudizio.

La spiritualità nell'era digitale

La spiritualità, intesa come ricerca di significato e di connessione con qualcosa di più grande di noi, assume un nuovo significato nell'era digitale. Di fronte al sovraccarico informativo, alla frammentazione dell'attenzione, alla superficialità di molte interazioni online, la spiritualità offre uno spazio di profondità, di integrazione, di significato.

Non si tratta necessariamente di religione organizzata, ma di una dimensione personale di ricerca e di connessione. Una dimensione che ci ricorda che siamo più dei nostri profili social, delle nostre performance lavorative, dei nostri follower o dei nostri like.

La spiritualità ci invita a porci le grandi domande sulla vita, sul senso, sui valori. Domande che spesso vengono messe da parte nella frenesia della vita digitale, ma che sono essenziali per una vita piena e significativa.

Verso una libertà digitale consapevole

La risposta allo stress digitale non è né il rifiuto totale della tecnologia, né la sua accettazione acritica, ma lo sviluppo di una libertà digitale consapevole. Una libertà che si basa sulla conoscenza, sulla consapevolezza, sulla capacità di fare scelte intenzionali sul nostro uso della tecnologia.

Questa libertà digitale consapevole ci permette di utilizzare la tecnologia come uno strumento potente per arricchire le nostre vite, per connetterci con gli altri, per accedere alla conoscenza, per esprimerci creativamente, ma ci permette anche di metterla da parte quando necessario, di creare spazi di silenzio e di disconnessione, di vivere pienamente nel mondo reale.

È una libertà che si costruisce giorno dopo giorno, attraverso piccole scelte consapevoli, attraverso la creazione di abitudini sane, attraverso la riflessione costante sul nostro rapporto con la tecnologia. È una libertà che richiede coraggio, perché spesso significa andare controcorrente, resistere alla pressione sociale, dire no quando tutti intorno a noi dicono sì.

Ma è una libertà che vale la pena perseguire, perché è la chiave per un futuro in cui la tecnologia sarà davvero al servizio dell'essere umano, e non viceversa. Un futuro in cui potremo godere dei benefici straordinari del digitale senza sacrificare ciò che ci rende autenticamente umani: la nostra presenza, la nostra connessione, la nostra capacità di meravigliarci e di creare significato.

In questo viaggio verso un equilibrio digitale sostenibile, siamo tutti pionieri. Non abbiamo mappe precise, perché stiamo esplorando un territorio nuovo, ma abbiamo bussole: i nostri valori, la nostra saggezza collettiva, la nostra capacità di adattarci e di creare. E abbiamo compagni di viaggio: tutti coloro che, come noi, cercano un modo più sano e più umano di vivere con la tecnologia.

Il cammino non sarà facile, ma è un cammino necessario. E ogni passo che facciamo verso un uso più consapevole e equilibrato della tecnologia è un passo verso un futuro più umano, più sano, più sostenibile. Un futuro in cui la tecnologia amplifica la nostra umanità, invece di diminuirla. Un futuro che vale la pena di creare, insieme.

Capitolo 9
La disconnessione digitale nel cinema

Nell'era digitale in cui viviamo, il cinema ha saputo intercettare con straordinaria sensibilità le inquietudini, le contraddizioni e le problematiche legate alla nostra relazione con la tecnologia. La settima arte, da sempre specchio delle ansie collettive della società, ha esplorato in modo sempre più approfondito il tema della disconnessione digitale, offrendoci narrazioni che oscillano tra distopia e realismo, tra avvertimento e introspezione.

Attraverso le immagini in movimento, i registi contemporanei hanno dato forma visiva a sensazioni che molti di noi provano quotidianamente: il senso di sopraffazione davanti alle notifiche incessanti, l'ansia di essere sempre connessi, la solitudine paradossale nell'era della iper-connessione. Il cinema diventa così non solo luogo di intrattenimento, ma spazio di riflessione critica sulle nostre abitudini digitali e sulle loro conseguenze psicologiche e sociali.

In questo capitolo esploreremo come il grande schermo abbia rappresentato i diversi aspetti della nostra complessa relazione con la tecnologia digitale: dallo stress cognitivo alla dipendenza da dopamina, dall'impatto sulla salute mentale alla solitudine nell'era connessa, fino alle possibili vie d'uscita attraverso pratiche di digital detox. Attraverso l'analisi di film emblematici, scopriremo come il cinema non si limiti a denunciare i pericoli della tecnologia, ma proponga anche visioni alternative di connessione umana autentica, diventando esso stesso uno strumento di consapevolezza digitale.

Sezione 1
Lo stress digitale e il cervello quando la tecnologia diventa un fardello

Il nostro cervello, evolutosi per millenni in un ambiente privo di stimoli digitali, si trova oggi bombardato da un flusso incessante di informazioni, notifiche e richieste di attenzione. Questo fenomeno, che gli neuroscienziati hanno battezzato "stress digitale", rappresenta una sfida cognitiva senza precedenti nella storia umana. A differenza dello stress tradizionale, quello digitale è caratterizzato da una pervasività e una persistenza uniche: non esiste più separazione tra momenti di lavoro e di riposo, tra spazi pubblici e privati. Lo smartphone in tasca è un costante promemoria che, in qualsiasi momento, potremmo essere richiamati al dovere dell'iper-connessione.

Le ricerche neuroscientifiche hanno dimostrato come questa esposizione continua agli stimoli digitali modifichi le funzioni cognitive fondamentali. L'attenzione, già di per sé limitata, viene frammentata in microistanti sempre più brevi; la memoria, delegata ai dispositivi esterni, si indebolisce; la capacità di concentrazione profonda, necessaria per il pensiero creativo e analitico, viene sacrificata sull'altare del multitasking. Il risultato è un cervello in perenne stato di allerta, incapace di rilassarsi completamente e sempre più dipendente da stimoli esterni per sentirsi appagato.

Il cinema contemporaneo ha saputo cogliere questa trasformazione neurobiologica, traducendola in potenti metafore visive. In "Her" di Spike Jonze (2013), il protagonista Theodore, interpretato magistralmente da Joaquin Phoenix, vive in una Los Angeles del prossimo futuro dove la tecnologia ha permeato ogni aspetto dell'esistenza. La macchina da presa di Jonze ci mostra una città popolata da individui fisicamente presenti ma mentalmente altrove, tutti assorbiti dai propri dispositivi di comunicazione. Theodore stesso sviluppa una relazione romantica con un sistema operativo dotato di intelligenza artificiale (Samantha, con la voce di Scarlett Johansson), trovando più facile connettersi emotivamente con un algoritmo che con gli esseri umani che lo circondano.

Le inquadrature ravvicinate sul volto di Phoenix catturano magistralmente il miscuglio di emozioni contrastanti (sollievo, dipendenza, ansia, vuoto) che caratterizzano lo stress digitale. Particolarmente emblematiche sono le scene in cui Theodore cammina per la città, fisicamente presente ma mentalmente immerso nella sua relazione virtuale con Samantha. La fotografia dai toni caldi e soffusi crea un'atmosfera apparentemente accogliente che contrasta con la crescente alienazione del protagonista, visivamente isolato dalla massa di persone che lo circondano, tutte ugualmente assorbite dalle proprie conversazioni virtuali.

Un approccio più didascalico ma non meno efficace è quello adottato dal docufilm "The Social Dilemma" (2020) di Jeff Orlowski, dove ex dirigenti delle maggiori aziende tecnologiche rivelano i meccanismi con cui le piattaforme social sono progettate per catturare e mantenere l'attenzione degli utenti. Il film alterna interviste a ex insider dell'industria tecnologica con sequenze drammatizzate che mostrano una famiglia tipo alle prese con gli effetti della dipendenza digitale. Particolarmente efficace è la metafora visiva utilizzata per rappresentare gli algoritmi: tre figure umane che, in una sala di controllo, manipolano costantemente l'esperienza dell'utente per massimizzarne il tempo di permanenza sulla piattaforma.

Orlowski utilizza tecniche cinematografiche tipiche del thriller per creare tensione e disagio nello spettatore: montaggio serrato, musica inquietante, primi piani sui volti sempre più stressati degli adolescenti protagonisti. In una scena memorabile, il ragazzo protagonista tenta di stare una settimana senza smartphone, ma la sua astinenza è rappresentata come un vero e proprio withdrawal fisico, con sudorazioni, tremori e ansia crescente. Il linguaggio visivo del film trasforma così concetti astratti come "manipolazione algoritmica" e "economia dell'attenzione" in esperienze viscerali immediatamente comprensibili per il pubblico.

Sezione 2
La dipendenza da dopamina e il fenomeno della FOMO
Il bisogno di essere sempre connessi

Al centro della nostra relazione problematica con la tecnologia si trova un potente neurotrasmettitore: la dopamina, spesso definita il "neurotrasmettitore del piacere". Le piattaforme digitali che utilizziamo quotidianamente sono progettate con sofisticati sistemi di ricompensa variabile (lo stesso principio che rende le slot machine così avvincenti...) che stimolano continuamente il rilascio di dopamina nel nostro cervello. Ogni notifica, ogni like, ogni messaggio rappresenta una potenziale ricompensa che il nostro cervello impara ad anticipare e desiderare.

Abbiamo già imparato che a questo meccanismo biologico si accompagna un fenomeno psicologico altrettanto potente: la FOMO (Fear Of Missing Out), ovvero la paura di perdersi qualcosa di importante. Questa ancestrale paura dell'esclusione sociale, un tempo limitata al nostro immediato gruppo di appartenenza, è stata amplificata a dismisura dall'avvento dei social media, che ci permettono di confrontarci costantemente con le vite apparentemente più eccitanti di centinaia o migliaia di persone.

Il cinema ha esplorato questa dipendenza dopaminergica e la FOMO attraverso narrazioni che mettono in scena personaggi intrappolati in cicli compulsivi di gratificazione digitale. "Nerve" (2016), diretto da Henry Joost e Ariel Schulman, trasforma questa dinamica in una storia adrenalinica ambientata in un futuro prossimo dove un gioco online chiamato appunto "Nerve" spinge i partecipanti a compiere sfide sempre più rischiose in cambio di ricompense monetarie e social. I protagonisti, Vee (Emma Roberts) e Ian (Dave Franco), inizialmente attratti dal brivido del gioco e dal riconoscimento pubblico, si trovano presto intrappolati in un sistema che sfrutta proprio i meccanismi dopaminergici per spingerli oltre i loro limiti etici e di sicurezza.

La regia di Joost e Schulman utilizza una palette cromatica caratterizzata da neon vibranti che ricordano le luci scintillanti di Las Vegas, stabilendo un parallelo visivo tra il gioco d'azzardo tradizionale e questa nuova forma di dipendenza digitale. La città di New York si trasforma in un grande casinò a cielo aperto, dove ogni angolo può trasformarsi in una nuova opportunità di ricompensa. Le inquadrature soggettive attraverso gli smartphone degli spettatori di "Nerve" ci mettono nei panni dei voyeur digitali, rendendo noi stessi complici di questo sistema disfunzionale.

Ancora più radicale è l'approccio di "Black Mirror: Bandersnatch" (2018), un episodio interattivo della celebre serie distopica creata da Charlie Brooker. Qui la dipendenza da dopamina viene rappresentata in modo meta-narrativo, coinvolgendo direttamente lo spettatore nel meccanismo di ricompensa. La storia segue Stefan, un giovane programmatore che negli anni '80 cerca di adattare un libro-gioco in un videogioco interattivo. Man mano che la narrazione procede, Stefan diventa sempre più ossessionato dal concetto di scelta libera, arrivando a mettere in dubbio la sua stessa autonomia decisionale.

La genialità di "Bandersnatch" risiede nella sua forma: essendo un film interattivo, richiede allo spettatore di compiere scelte per il protagonista, creando un parallelismo tra la perdita di controllo di Stefan e quella dello spettatore, entrambi intrappolati in un sistema di gratificazione immediata. Il regista David Slade utilizza effetti visivi disturbanti e una fotografia sempre più claustrofobica per rappresentare la spirale di paranoia del protagonista. Particolarmente significativa è la scena in cui Stefan si rende conto di essere controllato da una forza esterna (noi spettatori), una metafora della perdita che sperimentiamo quando diventiamo dipendenti dagli stimoli digitali.

Entrambi i film mostrano come il design persuasivo delle piattaforme digitali sfrutti i nostri istinti più primitivi (il desiderio di appartenenza sociale, la ricerca del piacere, la paura dell'esclusione) per tenerci agganciati in un ciclo di comportamenti compulsivi che, paradossalmente, ci allontanano proprio da quelle connessioni autentiche che cerchiamo.

Sezione 3
Impatti sulla salute mentale e relazionale: l'effetto del Doomscrolling e del Cyberbullismo

Le conseguenze dello stress digitale e della dipendenza da dopamina si manifestano in modo sempre più evidente sulla salute mentale delle persone. Fenomeni come il "doomscrolling" (la tendenza a scorrere compulsivamente notizie negative) e l'esposizione costante al cyberbullismo stanno contribuendo all'aumento di disturbi come ansia, depressione e burnout digitale. La natura stessa delle piattaforme social, con i loro algoritmi che premiano i contenuti più polarizzanti ed emotivamente carichi, crea un ambiente tossico che amplifica le nostre insicurezze e ci mantiene in uno stato di costante allerta.

Le relazioni interpersonali sono forse l'ambito che più risente di questa trasformazione: la comunicazione mediata dagli schermi, per quanto efficiente, manca degli elementi non verbali fondamentali per l'empatia e la comprensione profonda. Il risultato è un impoverimento della qualità delle nostre connessioni umane, sempre più numerose ma sempre meno significative.

Il film "Disconnect" (2012) di Henry Alex Rubin affronta frontalmente queste tematiche attraverso tre storie intrecciate che esplorano diverse sfaccettature della disconnessione umana nell'era digitale. In una delle trame più potenti, un adolescente diventa vittima di cyberbullismo quando due compagni di classe creano un falso profilo social per ingannarlo e umiliarlo pubblicamente. La regia di Rubin alterna inquadrature degli schermi con primi piani sui volti dei protagonisti, evidenziando il contrasto tra la facilità della crudeltà digitale e le sue conseguenze emotive devastanti nel mondo reale.

Particolarmente straziante è la sequenza in cui il giovane protagonista tenta il suicidio dopo essere stato umiliato online, filmata con una camera a mano tremolante che comunica l'instabilità emotiva del personaggio. Il film utilizza anche una tecnica di rallentamento nei momenti cruciali, come se volesse invitarci a fermarci e contemplare le conseguenze delle nostre azioni digitali, in contrasto con la velocità frenetica della comunicazione online.

Un approccio più metaforico è quello di "The Shallows" (2016) di Jaume Collet-Serra, che a prima vista potrebbe sembrare un semplice survival thriller con uno squalo. Tuttavia il film può essere letto come un'allegoria della nostra dipendenza digitale e del suo impatto sulla nostra capacità di essere presenti. La protagonista Nancy (Blake Lively), inizialmente mostrata come ossessivamente attaccata al suo smartphone, ignorando la bellezza naturale che la circonda, si trova poi intrappolata su uno scoglio a pochi metri dalla riva, minacciata da uno squalo. La sua lotta per la sopravvivenza diventa un viaggio di riscoperta della propria resilienza e delle proprie risorse interiori, lontano dalla rete di sicurezza digitale.

La fotografia del film sfrutta il contrasto tra gli scenari naturali mozzafiato e l'isolamento crescente della protagonista per simboleggiare la nostra condizione contemporanea: circondati da bellezza e possibilità di connessione autentica, ma paralizzati dalla paura e dall'abitudine alla mediazione tecnologica. Particolarmente significativa è la scena iniziale in cui Nancy, sulla spiaggia paradisiaca, è totalmente assorbita dal tentativo di contattare un'amica via video-chiamata, ignorando completamente l'esperienza sensoriale diretta che potrebbe vivere.

Entrambi i film, pur con approcci narrativi molto diversi, convergono su un punto fondamentale: la tecnologia, progettata per connettere, può facilmente trasformarsi in uno strumento di isolamento e sofferenza quando ne perdiamo il controllo o quando la utilizziamo come sostituto delle interazioni faccia a faccia.

Sezione 4
La solitudine nell'era connessa: paradosso della connessione digitale

Il cinema ha saputo cogliere questo paradosso con particolare acume, spesso ricorrendo a narrazioni che mettono in scena la dissoluzione del confine tra realtà e virtualità. Un esempio pionieristico è rappresentato dal film d'animazione giapponese "Perfect Blue" (1997) di Satoshi Kon, la cui lungimiranza appare oggi quasi profetica. Realizzato agli albori di internet, il film segue la cantante pop Mima che, decidendo di diventare attrice, vede la sua identità gradualmente dissolversi tra il suo io reale, il suo personaggio pubblico e una misteriosa presenza online che sembra conoscere ogni suo pensiero.

La regia di Kon utilizza tecniche di montaggio innovative e spiazzanti per rappresentare la fusione tra realtà e illusione: scene apparentemente reali si rivelano improvvisamente set cinematografici, ricordi o allucinazioni. Particolarmente disturbante è la figura del fan ossessivo che crea un blog in cui finge di essere Mima, riflettendo il fenomeno contemporaneo dell'identità digitale come sostituto di quella reale. La frammentazione visiva del film diventa metafora della frammentazione psichica della protagonista, che non sa più chi sia veramente dietro le molteplici maschere che indossa.

In tempi più recenti, "Ready Player One" (2018) di Steven Spielberg offre una visione tanto spettacolare quanto inquietante di un futuro in cui l'umanità si rifugia massivamente in un universo virtuale chiamato OASIS per sfuggire a una realtà desolante. Ambientato nel 2045, il film mostra un mondo in cui le persone vivono ammassate in baraccopoli verticali ma trascorrono la maggior parte del tempo immerse nella realtà virtuale, dove possono essere chiunque desiderino.

La maestria visiva di Spielberg si esprime nel contrasto cromatico tra il mondo reale, rappresentato con tonalità spente e una fotografia desaturata, e l'OASIS, un caleidoscopio di colori vibranti e possibilità infinite. Particolarmente emblematica è la sequenza in cui vediamo centinaia di persone che, con i visori VR, si contorcono nei loro spazi angusti mentre i loro avatar vivono avventure spettacolari. Questa giustapposizione visiva cattura l'essenza del paradosso contemporaneo: sempre più connessi virtualmente, sempre più isolati fisicamente.

Il protagonista Wade Watts e i suoi amici, che inizialmente si conoscono solo come avatar, scoprono gradualmente il valore delle connessioni reali quando si incontrano di persona. La trasformazione delle loro relazioni, da puramente virtuali a fisicamente presenti, offre una potente metafora della necessità umana di contatto autentico. Significativa è la scena finale in cui il nuovo proprietario dell'OASIS decide di spegnerlo per due giorni alla settimana, forzando gli utenti a vivere nel mondo reale. Si tratta di un messaggio quasi didattico da parte di Spielberg: la tecnologia può arricchire la vita, ma non può sostituire l'esperienza umana diretta.

Entrambi i film, seppur ambientati in epoche e contesti molto diversi, condividono una preoccupazione fondamentale: l'erosione del confine tra reale e virtuale porta a una crisi d'identità che, paradossalmente, ci rende più soli proprio quando sembriamo più connessi. La solitudine nell'era digitale non è tanto assenza di contatti, quanto assenza di contatti significativi e autentici.

Sezione 5
Verso una Digital Detox:
ritrovare l'autenticità offline

Di fronte alle problematiche evidenziate, un numero crescente di persone sta riscoprendo il valore della disconnessione periodica. Il concetto di "digital detox", ossia un periodo programmato di astensione da dispositivi digitali, ha guadagnato popolarità come antidoto allo stress da iper-connessione. Questo approccio non implica necessariamente un rifiuto luddista della tecnologia, quanto piuttosto un uso più consapevole e intenzionale degli strumenti digitali, finalizzato a preservare spazi di esperienza diretta e non mediata.

Le strategie di digital detox includono pratiche come la creazione di zone "tech-free" in casa, l'istituzione di orari specifici di disconnessione (ad esempio durante i pasti o prima di dormire), l'adozione di app che limitano il tempo di utilizzo di altre app, fino a periodi più estesi di disconnessione completa durante vacanze o ritiri. Parallelamente si assiste a una riscoperta di attività analogiche come la lettura su carta, la scrittura a mano, l'artigianato e le pratiche contemplative, che offrono un'alternativa al flusso frenetico dell'esperienza digitale.

Il cinema ha esplorato questo desiderio di ritorno all'essenziale attraverso narrazioni che celebrano la connessione con la natura e con gli altri esseri umani in forme non mediate dalla tecnologia. Un esempio emblematico è "Into the Wild" (2007) di Sean Penn, basato sulla storia vera di Christopher McCandless, un giovane che abbandona tutti i comfort della società moderna, inclusa la tecnologia, per intraprendere un viaggio solitario nella natura selvaggia dell'Alaska.

Sebbene ambientato all'inizio degli anni '90, prima dell'avvento degli smartphone, il film risuona profondamente con l'attuale desiderio di disconnessione. La regia di Penn utilizza ampi campi lunghi che mettono in risalto l'immensità dei paesaggi naturali in contrasto con la piccolezza umana, creando un senso di sublime che si oppone alla claustrofobia dell'esistenza urbana e tecnologica. La fotografia di Eric Gautier cattura la luce naturale in tutte le sue sfumature, offrendo un contrasto implicito con l'illuminazione artificiale degli schermi che popola le nostre vite quotidiane.

Particolarmente significativa è la progressione emotiva del protagonista, interpretato da Emile Hirsch, che dopo un iniziale entusiasmo per la libertà conquistata, scopre che la vera felicità non risiede nell'isolamento totale ma nella condivisione autentica. La celebre frase che McCandless scrive poco prima di morire ("Happiness is only real when shared") rappresenta una potente sintesi di questa consapevolezza: la disconnessione dalla tecnologia e dalle convenzioni sociali ha valore non come fuga, ma come via per riscoprire connessioni più autentiche.

Un approccio meno estremo ma ugualmente significativo è quello proposto da "The Secret Life of Walter Mitty" (2013) di Ben Stiller. Il protagonista, interpretato dallo stesso Stiller, è un anonimo impiegato della rivista Life che vive una vita grigia e monotona, compensata solo dalle sue elaborate fantasie. La svolta avviene quando, per recuperare un negativo fotografico mancante, Walter è costretto ad abbandonare la sua zona di comfort e intraprendere un viaggio reale che lo porta in luoghi remoti come l'Islanda, la Groenlandia e l'Himalaya.

Il film utilizza sapientemente gli effetti visivi per contrapporre il mondo fantastico di Walter, colorato ma artificiale, con la realtà dei paesaggi che incontra nel suo viaggio, altrettanto spettacolare ma autentica. Man mano che la storia procede, le fantasie di Walter diminuiscono, sostituite dall'esperienza diretta dell'avventura. La trasformazione del protagonista è visualizzata anche attraverso un cambio nel suo aspetto fisico e nel suo modo di muoversi: da rigido e impacciato a sciolto e sicuro di sé.

Una scena emblematica vede Walter in Islanda mentre decide di non fotografare un raro avvistamento di uno squalo, preferendo vivere pienamente il momento anziché mediarlo attraverso uno schermo. Questo gesto simboleggia il passaggio dall'ossessione di catturare e condividere ogni esperienza (tipica dell'era dei social media) alla capacità di essere semplicemente presenti e ricettivi.

Entrambi i film, pur con tonalità emotive diverse, propongono la stessa visione: la disconnessione digitale non è un fine in sé, ma un mezzo per riconnettersi con aspetti fondamentali dell'esperienza umana che rischiano di essere dimenticati nell'era della comunicazione mediata. Il viaggio fisico diventa metafora di un viaggio interiore verso una maggiore autenticità e consapevolezza.

Sezione 6
Conclusioni: il Cinema come specchio e guida nella giungla digitale

L'analisi dei film che abbiamo esplorato in questo capitolo rivela come il cinema sia stato non solo uno specchio delle nostre ansie collettive riguardo alla tecnologia, ma anche un laboratorio di riflessione sulle possibili vie d'uscita da dinamiche disfunzionali. Attraverso le immagini in movimento, i registi contemporanei hanno dato forma tangibile a sensazioni spesso difficili da articolare: lo stress da iper-connessione, la dipendenza da stimoli digitali, la solitudine paradossale nell'era dei social, ma anche il sollievo e la riscoperta che accompagnano momenti di disconnessione consapevole.

Ciò che emerge con forza da questa panoramica è che il cinema, lungi dal proporre un rifiuto luddista della tecnologia, invita piuttosto a una relazione più equilibrata e consapevole con gli strumenti digitali. Da "Her" a "Into the Wild", da "Disconnect" a "The Secret Life of Walter Mitty", i film analizzati condividono una preoccupazione fondamentale per l'autenticità dell'esperienza umana in un mondo sempre più mediato dagli schermi.

Ironicamente, il cinema stesso (un'arte tecnologica per eccellenza) diventa il mezzo attraverso cui riscopriamo il valore della presenza, dell'attenzione profonda e della connessione non mediata. Seduti in una sala buia, liberi (si spera) da distrazioni digitali, ci immergiamo per due ore in una narrazione che richiede la nostra attenzione indivisa, un'esperienza sempre più rara nella vita quotidiana frammentata dagli schermi.

In questo senso l'esperienza stessa della visione cinematografica può essere considerata una forma di digital detox: un momento in cui accettiamo di disconnetterci dal flusso incessante di notifiche e aggiornamenti per connetterci più profondamente con una storia, con noi stessi e con gli altri spettatori. Il cinema diventa così non solo diagnosi ma anche terapia, offrendo sia una rappresentazione dei nostri malesseri digitali che un temporaneo sollievo da essi.

Mentre la tecnologia continua a evolvere a velocità vertiginosa, il cinema resta uno spazio privilegiato di riflessione collettiva sui suoi effetti sulla psiche umana. I film che abbiamo analizzato non offrono risposte definitive, ma piuttosto domande potenti: "Come mantenere la nostra umanità in un mondo sempre più digitalizzato? Come bilanciare i benefici innegabili della connettività con il bisogno fondamentale di presenza e autenticità? Come utilizzare la tecnologia senza esserne utilizzati?".

Sono interrogativi che, probabilmente, ci accompagneranno ancora per molto tempo, mentre navighiamo le acque inesplorate dell'era digitale. E il cinema, con la sua capacità unica di rendere visibile l'invisibile e tangibile l'intangibile, continuerà a essere una bussola preziosa in questo viaggio collettivo verso un equilibrio più sano tra connessione digitale e presenza autentica.

BIBLIOGRAFIA

1. Stress Digitale e Dipendenza Tecnologica

- **"Digital Minimalism: Choosing a Focused Life in a Noisy World"** di Cal Newport
  Un manifesto per un uso intenzionale della tecnologia, con strategie pratiche per ridurre le distrazioni digitali e riscoprire il valore del tempo offline.

- **"The Shallows: What the Internet Is Doing to Our Brains"** di Nicholas Carr
  Un'analisi approfondita degli effetti della tecnologia digitale sul cervello umano, con particolare attenzione alla riduzione della capacità di concentrazione e riflessione profonda.

- **"Irresistible: The Rise of Addictive Technology and the Business of Keeping Us Hooked"** di Adam Alter
  Un esame critico delle strategie persuasive utilizzate dalle aziende tecnologiche per creare dipendenza nei consumatori.

- **"Reclaiming Conversation: The Power of Talk in a Digital Age"** di Sherry Turkle
  Un'analisi del declino delle conversazioni faccia a faccia e dell'impatto negativo della comunicazione mediata dalla tecnologia sulle relazioni umane.

- **"Distracted: Why Students Can't Focus and What We Can Do About It"** di James M. Lang
  Un'esplorazione del fenomeno della distrazione digitale e delle sue conseguenze sugli studenti, con proposte per migliorare l'attenzione e l'apprendimento.

2. Benessere Digitale e Digital Detox

- **"How to Break Up with Your Phone: The 30-Day Plan to Take Back Your Life"** di Catherine Price
  Una guida pratica per ridurre il tempo trascorso sul telefono e riprendere il controllo della propria vita.

- **"Offline: Finding Happiness in a World Obsessed with Being Online"** di Imran Rashid e Soren Kenner
  Un'analisi scientifica e pratica degli effetti della tecnologia sulla nostra felicità, con consigli per vivere meglio offline.

- **"The Art of Screen Time: How Your Family Can Balance Digital Media and Real Life"** di Anya Kamenetz
  Un manuale per genitori che vogliono gestire in modo equilibrato l'uso della tecnologia da parte dei propri figli.

- **"Bored and Brilliant: How Spacing Out Can Unlock Your Most Productive and Creative Self"** di Manoush Zomorodi
  Un'esplorazione del valore della noia e del tempo libero per stimolare la creatività e il benessere mentale.

- **"Mindful Tech: How to Bring Balance to Our Digital Lives"** di David M. Levy
  Un approccio mindfulness all'uso della tecnologia, con esercizi pratici per coltivare maggiore consapevolezza digitale.

3. Impatto Psicologico e Neurologico

- **"Hooked: How to Build Habit-Forming Products"** di Nir Eyal
  Un'analisi dei meccanismi psicologici che rendono certe app e piattaforme irresistibili, con spunti

per comprendere meglio il nostro comportamento digitale.

- **"Glow Kids: How Screen Addiction Is Hijacking Our Kids—and How to Break the Trance"** di Nicholas Kardaras
Un'esplorazione degli effetti dannosi delle schermate sui bambini, con particolare attenzione ai problemi di sviluppo cognitivo ed emotivo.

- **"The Hacking of the American Mind: The Science Behind the Corporate Takeover of Our Bodies and Brains"** di Robert H. Lustig
Un'analisi critica del ruolo della dopamina e delle gratificazioni istantanee nel creare dipendenze digitali.

- **"Lost Connections: Uncovering the Real Causes of Depression – and the Unexpected Solutions"** di Johann Hari
Un libro che esplora come la disconnessione sociale e tecnologica contribuisca all'aumento dell'ansia e della depressione.

4. Educazione Digitale e Nuove Generazioni

- **"Screenwise: Helping Kids Thrive (and Survive) in Their Digital World"** di Devorah Heitner
Un manuale per genitori e insegnanti su come educare i giovani a un uso sano e responsabile della tecnologia.

- **"Growing Up in Public: Coming of Age in a Digital World"** di Julia Bleckner e Liz Evers
Un'analisi delle sfide affrontate dagli adolescenti nell'era dei social media, con consigli per proteggere la loro salute mentale.

- **"Parenting in the Digital Age: A Guide for Parents of Children and Teenagers"** di Diana Graber

Un libro che offre strumenti pratici per aiutare i genitori a navigare le complessità della crescita digitale.

- **"The New Childhood: Raising Kids to Thrive in a Connected World"** di Jordan Shapiro
Una riflessione sul ruolo della tecnologia nella formazione delle nuove generazioni, con un focus sulle opportunità e sui rischi.

5. Società Digitale e Connessione Umana

- **"Alone Together: Why We Expect More from Technology and Less from Each Other"** di Sherry Turkle
Un'analisi del paradosso della connessione digitale che, anziché avvicinarci, spesso ci isola.

- **"World Without Mind: The Existential Threat of Big Tech"** di Franklin Foer
Un'esplorazione del potere delle grandi aziende tecnologiche e delle loro implicazioni per la società e la cultura.

- **"The Attention Merchants: The Epic Scramble to Get Inside Our Heads"** di Tim Wu
Una storia del marketing digitale e del suo impatto sulla nostra capacità di attenzione.

- **"Technopoly: The Surrender of Culture to Technology"** di Neil Postman
Un classico che analizza come la tecnologia stia plasmando la cultura e la società in modi profondi e spesso invisibili.

6. Etica, Innovazione e Sostenibilità Digitale

- **"Weapons of Math Destruction: How Big Data Increases Inequality and Threatens Democracy"** di Cathy O'Neil
Un'analisi critica degli algoritmi e del loro impatto sulla società, con particolare attenzione alle

questioni etiche.

- **"The Ethics of Invention: Technology and the Human Future"** di Sheila Jasanoff
  Una riflessione sulle implicazioni etiche dell'innovazione tecnologica e sulla necessità di stabilire limiti chiari.

- **"The Clean Tech Revolution: The Next Big Growth Industry and How to Profit from It"** di Ron Pernick e Clint Wilder
  Un libro che esplora le innovazioni tecnologiche sostenibili e il loro potenziale per un futuro più verde.

- **"Digital Minimalism for Families: Practical Ways to Help Kids Thrive in an Online World"** di Tsh Oxenreider
  Un approccio familiare alla sostenibilità digitale, con strategie per ridurre l'impatto ambientale della tecnologia.

7. Visioni Critiche e Futuristiche

- **"21 Lessons for the 21st Century"** di Yuval Noah Harari
  Una riflessione sulle sfide globali del nostro tempo, tra cui il ruolo della tecnologia nella società moderna.

- **"The Four-Dimensional Human: Ways of Being in the Digital World"** di Laurence Scott
  Un'analisi filosofica e culturale dell'impatto della tecnologia sul nostro senso di identità e realtà.

- **"Life 3.0: Being Human in the Age of Artificial Intelligence"** di Max Tegmark
  Un'esplorazione delle implicazioni dell'intelligenza artificiale sul futuro dell'umanità.

- **"The Future of Humanity: Terraforming Mars, Interstellar Travel, Immortality, and Our Destiny Beyond Earth"** di Michio Kaku

Una visione futuristica delle possibilità tecnologiche e delle loro conseguenze etiche e sociali.

FILMOGRAFIA

1. Film e Documentari sullo Stress Digitale e la Dipendenza Tecnologica

"The Social Dilemma" (2020)

Regista: Jeff Orlowski
Trama: Questo documentario rivoluzionario combina interviste con ex dipendenti di Big Tech (come Google, Facebook e Twitter) e scene drammatiche per mostrare come le piattaforme digitali siano progettate per catturare la nostra attenzione in modo compulsivo. Il film esplora i meccanismi psicologici alla base delle notifiche, degli algoritmi e dei feed infiniti, rivelando come questi strumenti influenzino negativamente la salute mentale, la democrazia e persino la nostra percezione della realtà.

"Screened Out" (2020)

Regista: Jon Hyatt
Trama: Attraverso un viaggio personale, il regista Jon Hyatt indaga sul fenomeno della dipendenza da schermi e sul suo impatto sulla società moderna. Il documentario analizza come l'industria tecnologica abbia creato prodotti appositamente progettati per tenere gli utenti "agganciati", esaminando anche le conseguenze fisiche, mentali e relazionali di questa dipendenza.

"Web Junkie" (2015)

Registi: Hilla Medalia e Shosh Shlam
Trama: Ambientato in Cina, questo documentario segue un centro di riabilitazione dedicato ai giovani dipendenti dai videogiochi e dalla tecnologia. I ragazzi vengono sottoposti a un rigoroso programma militare e terapeutico per disintossicarsi dalle loro abitudini digitali. Il film offre uno sguardo intimo e spesso commovente sulle cause profonde della dipendenza tecnologica e sui suoi effetti devastanti sulle famiglie.

"Her" (2013)

Regista: Spike Jonze
Trama: Ambientato in un futuro non troppo lontano, il film racconta la storia di Theodore Twombly (interpretato da Joaquin Phoenix), un uomo solitario che si innamora di un'intelligenza artificiale chiamata Samantha (doppiata da Scarlett Johansson). Attraverso questa relazione insolita, il film esplora temi come la solitudine, l'alienazione nell'era digitale e la ricerca di connessione umana in un mondo sempre più virtuale.

"Disconnect" (2012)

Regista: Henry Alex Rubin
Trama: Questo dramma intreccia tre storie diverse che ruotano attorno all'uso della tecnologia. Un giornalista investiga un caso di cyberbullismo, una coppia scopre che il proprio figlio è stato vittima di un crimine online, e un giovane viene manipolato da un hacker. Il film mette in luce i rischi nascosti della tecnologia, inclusi il furto d'identità, la perdita di privacy e l'impatto emotivo delle interazioni virtuali.

2. Film sull'Impatto Psicologico e Sociale della Tecnologia

"Black Mirror" (serie TV, 2011–presente)

Creatore: Charlie Brooker
Trama: Questa serie antologica presenta episodi autoconclusivi che immaginano scenari distopici in cui la tecnologia ha conseguenze devastanti sulla società e sugli individui. Argomenti trattati includono la sorveglianza totale, la manipolazione degli algoritmi, la realtà aumentata e l'immortalità digitale. Ogni episodio è una riflessione critica sulle implicazioni etiche e psicologiche del progresso tecnologico.

"Eighth Grade" (2018)

Regista: Bo Burnham
Trama: Segue l'ultima settimana di scuola media di

Kayla, una ragazzina timida e insicura che cerca disperatamente di farsi accettare sui social media. Il film offre uno sguardo autentico e spesso doloroso sulle pressioni che i giovani affrontano nell'era digitale, tra ansia sociale, confronto costante e la ricerca di validazione online.

"The Circle" (2017)

Regista: James Ponsoldt
Trama: Basato sul romanzo omonimo di Dave Eggers, il film racconta la storia di Mae (Emma Watson), una giovane donna che ottiene un lavoro presso una potente azienda tecnologica chiamata The Circle. Mentre sale nella gerarchia aziendale, Mae si ritrova coinvolta in un sistema di sorveglianza totale e trasparenza assoluta, che mette in discussione la sua privacy e identità.

"Ingrid Goes West" (2017)

Regista: Matt Spicer
Trama: Ingrid (Aubrey Plaza) è una giovane donna ossessionata dai social media che decide di trasferirsi a Los Angeles per avvicinarsi a una celebrità di Instagram chiamata Taylor Sloane (Elizabeth Olsen). Il film esplora il tema dell'ossessione digitale, del confronto sociale e delle conseguenze distruttive di vivere attraverso filtri e like.

"Nosedive" (episodio di Black Mirror, 2016)

Regista: Joe Wright
Trama: L'episodio immagina una società in cui ogni persona ha un punteggio sociale basato sulle recensioni ricevute dagli altri. La protagonista, Lacie (Bryce Dallas Howard), cerca disperatamente di migliorare il proprio punteggio per accedere a privilegi sociali ed economici. Il film critica il culto dell'approvazione online e la superficialità delle relazioni mediate dalla tecnologia.

3. Film sull'Educazione Digitale e le Nuove Generazioni

"Like" (2019)

Regista: Chris Moukarbel
Trama: Questo documentario esamina l'impatto dei social media sui giovani, concentrandosi su come piattaforme come Instagram, Snapchat e TikTok influenzino l'autostima, la salute mentale e le dinamiche sociali. Attraverso interviste con adolescenti, genitori e esperti, il film evidenzia i rischi di un uso eccessivo e non consapevole della tecnologia.

"Being 17" (2016)

Regista: André Téchiné
Trama: Ambientato in una piccola città francese, il film racconta la difficile amicizia tra due adolescenti, Thomas e Damien, che devono affrontare conflitti familiari, identità sessuale e pressioni sociali. L'uso della tecnologia e dei social media amplifica le tensioni tra i protagonisti, offrendo uno spaccato realistico della vita adolescenziale nell'era digitale.

"Trust" (2010)

Regista: David Schwimmer
Trama: La storia ruota attorno a Annie, una ragazza di 14 anni che stringe amicizia online con un uomo che si rivela essere un predatore sessuale. Il film affronta il tema della sicurezza online e del grooming, esplorando le conseguenze emotive e legali di un incontro virtuale pericoloso.

4. Film sulla Società Digitale e la Connessione Umana

"Perfect Blue" (1997)

Regista: Satoshi Kon
Trama: Questo anime psicologico-thriller segue Mima, una cantante che decide di abbandonare la carriera

musicale per diventare un'attrice. Quando inizia a ricevere messaggi minacciosi online e a vedere allucinazioni della sua vecchia identità, la linea tra realtà e fantasia si confonde. Il film esplora il tema dell'identità digitale e della pressione sociale.

"Ex Machina" (2014)

Regista: Alex Garland
Trama: Caleb, un giovane programmatore, viene invitato dal miliardario Nathan a testare un'intelligenza artificiale femminile chiamata Ava. Mentre Caleb sviluppa un legame con Ava, iniziano a emergere dubbi sulle vere intenzioni di Nathan e sulle capacità di Ava. Il film affronta temi etici come la coscienza artificiale e il rapporto tra umani e macchine.

"Ready Player One" (2018)

Regista: Steven Spielberg
Trama: Ambientato nel 2045, il film racconta una società in cui la maggior parte delle persone vive in un mondo virtuale chiamato OASIS. Wade Watts, un adolescente, partecipa a una caccia al tesoro digitale per ereditare il controllo di OASIS, ma deve affrontare un'azienda malvagia che vuole monopolizzare la piattaforma. Il film riflette sulle conseguenze di una vita troppo dipendente dalla realtà virtuale.

5. Film sull'Etica, l'Innovazione e il Futuro della Tecnologia

"Blade Runner" (1982)

Regista: Ridley Scott
Trama: Ambientato in un futuro distopico, il film segue Rick Deckard (Harrison Ford), un "blade runner" incaricato di ritirare (ovvero eliminare) replicanti ribelli, androidi bio-ingegnerizzati progettati per lavorare in colonie extraterrestri. Il film esplora temi come l'identità, la coscienza artificiale e il confine tra umano e macchina, ponendo domande etiche sul diritto alla vita degli esseri

artificiali.

"AI: Artificial Intelligence" (2001)

Regista: Steven Spielberg
Trama: Ambientato in un futuro in cui gli esseri umani hanno creato robot senzienti, il film racconta la storia di David, un androide programmato per amare come un bambino umano. Quando la famiglia che lo ha adottato decide di abbandonarlo, David intraprende un viaggio per diventare "reale". Il film riflette sulle implicazioni emotive e filosofiche della creazione di intelligenze artificiali capaci di provare sentimenti.

"Minority Report" (2002)

Regista: Steven Spielberg
Trama: Nel 2054, la polizia utilizza una tecnologia avanzata basata su precognizioni per prevedere e prevenire crimini prima che accadano. John Anderton (Tom Cruise), capo della divisione PreCrimine, viene accusato di un omicidio che ancora deve commettere. Il film affronta questioni etiche legate alla sorveglianza, al libero arbitrio e all'uso della tecnologia per controllare il comportamento umano.

"Transcendence" (2014)

Regista: Wally Pfister
Trama: Will Caster (Johnny Depp), un brillante scienziato nel campo dell'intelligenza artificiale, viene colpito da un attentato terroristico. Per salvarlo, sua moglie Evelyn decide di caricare la sua coscienza in un computer. Man mano che Will acquisisce potere digitale, emergono dubbi sulle sue reali intenzioni. Il film esplora le conseguenze etiche e filosofiche del trasferimento della coscienza umana in un sistema informatico.

"Free Guy" (2021)

Regista: Shawn Levy
Trama: Ambientato in un videogioco open-world, il film segue Guy, un NPC (personaggio non giocante) che

improvvisamente diventa consapevole di essere parte di un gioco. Deciso a cambiare il suo destino, Guy intraprende un'avventura epica per salvare il gioco dalla chiusura. Il film riflette sul ruolo dei videogiochi nella cultura moderna e sulle implicazioni etiche della creazione di mondi virtuali.

6. Visioni Critiche e Futuristiche

"Children of Men" (2006)

Regista: Alfonso Cuarón
Trama: Ambientato in un futuro distopico in cui l'umanità è afflitta da sterilità globale, il film segue Theo Faron (Clive Owen), un ex attivista incaricato di proteggere una giovane donna incinta, l'unica speranza per il futuro dell'umanità. Attraverso un mondo devastato dalla guerra e dal caos sociale, il film critica l'impatto delle scelte tecnologiche e politiche sulla sopravvivenza umana.

"Gattaca" (1997)

Regista: Andrew Niccol
Trama: In un futuro in cui i bambini vengono geneticamente modificati per garantire qualità fisiche e intellettuali superiori, Vincent Freeman, un uomo "non modificato", sogna di diventare un astronauta. Per raggiungere il suo obiettivo, Vincent assume l'identità di un atleta geneticamente perfetto ma disabile. Il film esplora le implicazioni etiche della selezione genetica e della discriminazione basata sul DNA.

"The Matrix" (1999)

Registi: Lana e Lilly Wachowski
Trama: Neo (Keanu Reeves), un hacker solitario, scopre che il mondo in cui vive è una simulazione virtuale creata dalle macchine per controllare l'umanità. Guidato da Morpheus (Laurence Fishburne), Neo si unisce a una resistenza per liberare l'umanità dalla Matrix. Il film è un classico della fantascienza che esplora temi come la

realtà simulata, il controllo tecnologico e la libertà individuale.

"Wall-E" (2008)

Regista: Andrew Stanton
Trama: Ambientato in un futuro in cui la Terra è stata abbandonata a causa dell'inquinamento e del consumismo, il film segue Wall-E, un piccolo robot spazzino rimasto solo sul pianeta. Quando EVE, un robot avanzato inviato per esplorare la Terra, arriva, Wall-E intraprende un'avventura cosmica per salvare il pianeta. Il film critica la dipendenza umana dalla tecnologia e il degrado ambientale causato dal progresso industriale.

7. Documentari sul Futuro Sostenibile e l'Impatto Ambientale

"The Cleaners" (2018)

Registi: Hans Block e Moritz Riesewieck
Trama: Questo documentario rivela il lavoro oscuro dei moderatori di contenuti online, impiegati da grandi aziende tecnologiche per rimuovere immagini violente, odiose o illegali dai social media. Il film esplora l'impatto psicologico devastante di questo lavoro sui moderatori e pone domande etiche sul ruolo della tecnologia nella diffusione di contenuti dannosi.

"Lo and Behold: Reveries of the Connected World" (2016)

Regista: Werner Herzog
Trama: Attraverso interviste con esperti di tecnologia, scienziati e filosofi, Werner Herzog esplora l'impatto della rete e della tecnologia sulla società, l'ambiente e il futuro dell'umanità. Il documentario affronta temi come la connettività globale, l'intelligenza artificiale e le conseguenze morali del progresso tecnologico.

"Before the Flood" (2016)

Regista: Fisher Stevens

Trama: Prodotto da Leonardo DiCaprio, questo documentario esamina le cause e gli effetti del cambiamento climatico, mettendo in luce il ruolo delle industrie tecnologiche e manifatturiere nell'aggravare la crisi ambientale. Il film offre soluzioni pratiche per mitigare l'impatto ambientale e promuovere uno sviluppo sostenibile.

"An Inconvenient Truth" (2006) e "An Inconvenient Sequel: Truth to Power" (2017)

Regista: Davis Guggenheim (primo film) e Bonni Cohen/Jon Shenk (sequel)

Trama: Questi documentari seguono l'ex vicepresidente degli Stati Uniti Al Gore nella sua campagna per sensibilizzare il pubblico sul cambiamento climatico. Attraverso dati scientifici e storie personali, i film evidenziano il ruolo delle tecnologie e delle politiche industriali nel contribuire al riscaldamento globale, offrendo anche soluzioni per un futuro più sostenibile.